LETTRE

D'UN *Parisiensis,*

PHILOSOPHE

A UN

CARTESIEN

DE SES AMIS.

A PARIS,

Chez THOMAS JOLLY, au Palais en la galerie
des Merciers, à la Palme, & en son magazin ruë
S. Jacques, aux armes d'Hollande.

M. DC. LXXII.
AVEC PRIVILEGE DV ROI.

1655. & celuy du Conseil Privé du Roy, du 27. Février 1665. Signé,
THIERRY,
Syndic.

ERRATA.

Page 9. ligne 8. estat naturel, lisez estat surnaturel. pag. 12. lig. 6. d'en bas seroit, lis. seront. pag. 26. ligne premiere. parce, dit-il que l'esten-duë estant un attribut & non pas une substance, elle ne peut, lisez seulement parce, dit-il, que l'estenduë ne peut, pag. 48. lig. 15. mais au mouvement, mettez mais par raport au mouvement. pag. 85. lig. derniere n'avez, lis. n'aurez. pag. 101. lig. 7. d'en bas ils disent, effacez ils. pag. 109. lig. 17. l'air agité d'un ca-non, lis. l'air agité par le bruit d'un ca-non. pag. 116. lig. 4. d'en bas de leur do-ctrine, lis. de cette doctrine. pag. 119. lig. 6. naturels, lis. natures. Ibid. lis. voila Messieurs, lis. voila Monsieur. pag 143. lig 4. de l'art. 60. expliquer, ajoû-tez rien.

A la marge

pag. 87. cont. gent. c. 69. ajoûtez lib. 3. pag. 103. c. 8. cap. mettez c. g. cap.

LETTRE
D'UN
PHILOSOPHE,
A UN
CARTESIEN.

ONSIEUR,

Pour satisfaire à vostre desir, je vous envoye sans façon mes sentimens sur la Philosophie de Monsieur Descartes, & les raisons qui m'ont empes-

1. Dessein de ce discours

A

ché jusques icy de me declarer
pour luy. Vous me difiez der-
nierement que vous ne fçauriez
comprendre qu'on puiffe lire
avec attention les Efcrits de
ce Philofophe fans eftre convaincu, & vous me vouliez
flatter, quand vous ajoûtiez
que j'eftois le feul qui avoit pé-
netré fa Philofophie fans la
fuivre, qu'affeurément j'eftois
retenu par quelque confideration humaine, qu'aprés tout
en certaines chofes je n'étois
pas fort éloigné de fes principes, & qu'enfin dans mon ame
j'étois Cartefien. Je m'eftime
bien honoré, Monfieur, que
vous m'ayez jugé digne d'entrer dans vos myfteres, & fi je
me connoiffois moins, j'aurois
quelque opinion de moy-mef-
me voyant l'empreffement avec

lequel vous tâchiez de m'en-
gager dans vôtre party, ou du
moins de faire acroire au monde que j'entrois dans vos fenti-
mens. Mais fouvenez-vous,
s'il vous plaift, des conditions
que j'ay toûjours mifes, qu'a-
vant que de paffer outre je fou-
haittois de l'éclairciffement fur
quelques points qui me fai-
foient de la peine : aprés quoy
je vous promettois que fi vous
fatisfaifiez à mes doutes, je me
ferois Cartefien. Je vous fais
encore la mefme promeffe, &
il n'y a point de confideration
humaine qui m'empêche de la
garder, eftant bien certain que
les perfonnes au jugement de
qui je dois le plus déférer, n'ap-
porteront aucun obftacle à ma
converfion. Voicy donc ce
qui me fait peine, & fi vous

avez du zéle pour moy, fon-
gez à me donner quelque é-
cl ircissement.

Premierement je trouve bien
des choses dans la Philosophie
de M. Desc. qui ne s'accordent
pas ce semble avec la Religion.
Par exemple il dit que l'essence
du corps, *c'est d'être étendu en lon-*
gueur, en largeur & en profondeur,
que c'est là sa nature & sa proprieté essentielle, comme la
nature ou la proprieté essentielle d'un triangle rectiligne,
est d'avoir trois costez, & tous
les angles ensemble égaux à
deux droits : En un mot qu'il
est impossible de concevoir un
corps qu'on ne conçoive en
mesme temps une substance é-
tenduë suivant ces trois dimensions : & mesme que cette é-
tenduë est déterminée à une

certaine mefure pour chaque
corps , en forte qu'il n'eft pas
poffible qu'un corps, qui dans
fon étenduë occupe en un
temps l'efpace d'un pied cubique, n'occupe toûjours le mefme efpace : & quoy qu'il puiffe changer de figure , il doit
neantmoins toûjours remplir
la mefure d'un pied. Voila une
des premieres maximes de la
Philofophie de Monfieur Defcartes. Mais j'ay un peu de peine à accorder cela avec ce que
la Foy nous enfeigne touchant
l'Euchariftie , où le Corps de
Nôtre-Seigneur eft fans étenduë, & fans occuper l'efpace
qu'il occupoit dans fon état naturel. Il eft vray qu'il eft là
facramentalement, comme l'on
parle, & non pas localement :
mais tout cela n'empêche pas

qu'il n'y soit réellement & ve-
ritablement, & que ce ne soit
un corps réel & veritable. Et
cependant il n'a point son é-
tenduë, il est indivisiblement
tout entier dans toute l'Hostie,
& tout entier encore dans chaque partie de la mesme Hostie.

III.
On ne
peut se
servir de
l'autho-
rité d'A-
ristote sur
ce point.

Il est vray qu'Aristote luy-
mesme n'a jamais définy le
corps autrement qu'en disant
que c'est ce qui est étendu en
longueur, en largeur & en profondeur. Mais si Aristote a
pretendu par là définir la nature & l'essence du corps, nous
disons nettement qu'il s'est
trompé, & qu'il ne faut point
le suivre en cela. Dites en autant de Monsieur Descartes, &
je n'auray plus rien à vous demander sur ce sujet: quoy qu'a-

prés tout Monsieur Descartes
ne soit pas excusable. Car enfin qu'Aristote ait mis l'essence du corps dans l'étenduë
actuelle, ce n'est pas merveille,
puisqu'il ne voyoit les choses
que par la seule lumiere de la
raison naturelle. MaisMonsieur
Descartes ne pouvoit pas igno-
rer ce que la Foy nous enseigne
du Corps de JESUS-CHRIST:
& neantmoins comme s'il n'y
avoit jamais eu d'Eucharistie,
il dit formellement, il le re-
pette en plusieurs endroits, &
il l'éclaircit par des exemples,
que l'essence du corps est d'ê-
tre actuellement étendu selon
les trois dimensions, de ne
pouvoir estre penetré par quelqu'autre corps que ce soit,
d'occuper toûjours son exten-
sion déterminée dans un cer-

tain volume. Certainement on ne sçauroit trouver à cela aucune excuse raisonnable.

Je ne pense pas, Monsieur, que vous vouluffiez vous servir de l'authorité des Saints Peres, qui semblent avoir définy le corps comme Monsieur Descartes. Cela seroit certainement trop odieux. Car voudriez-vous prendre le party des Heretiques ? & faudroit-il donc vous redire ce qu'on a dit cent fois aux ennemis du Saint Sacrement, qui n'ont pas manqué de nous objecter tous ces passages de saint Augustin, & des autres saints Peres, que vous pourriez alleguer. Lisez lequel vous voudrez de nos Controversistes, & vous trouverez par tout l'éclaircissement de ces difficultez : Sçavoir, que ces Peres ont parlé du corps comme il est naturellement, & non pas comme il peut estre par la puissance de Dieu.

Vous direz peut-estre de mesme que M. Descartes a consideré le corps non pas dans un état naturel à quoy la Philosophie ne touche point, mais dans l'état où il se trouve suivant l'ordre de la nature, qui est tout ce que doit faire un simple Physicien. Cette interpretation sera fort favorable : mais permettez moy de vous dire qu'elle ne sçauroit subsister, & que ce n'est pas là expliquer le sens de Monsieur Descartes, mais que c'est le détruire pour en mettre un autre tout different en sa place. Le sens de Monsieur Descartes est trop visible, il l'a expliqué

V.
Comment M. Descartes a entendu q' l'etendue fust l'essence du corps.

A v

luy-mesme avec trop de soin, le rapport qu'il fait de l'étenduë à l'égard du corps, avec la pensée à l'égard de l'esprit, & toutes ses autres manieres de s'exprimer, ne nous laissent point lieu d'interpreter autrement sa pensée, sinon que comme il est de l'essence d'un triangle d'avoir trois angles & trois costez, aussi il est de l'essence du corps d'avoir ses trois dimensions, & de remplir sa mesure déterminée.

V I.
Réponse extraordinaire des Cartesiens.

Aussi vos Messieurs qui agissent de bonne foy reconnoissent que c'est là le sens de Monsieur Descartes : mais la réponse qu'ils donnent à cette objection me paroist d'autant moins recevable qu'elle semble d'abord plus respectueuse & plus soûmise aux décisions de l'E-

glise. Ils disent donc d'une
part, que cette idée qu'ils donnent du corps est une des plus
incontestables maximes de la
Physique : & d'une autre part,
quand on leur parle de l'Eucharistie , ils disent que si on
les met sur la Theologie, ou sur
la toute-puissance de Dieu , ils
n'en sont plus : qu'ils ne tou-
chent point au sanctuaire :
qu'ils ne sont pas assez teme-
raires pour borner le pouvoir
de Dieu : qu'ils sont persuadez
que Dieu peut faire des choses
que nous ne sçaurions comprendre : qu'ils soûmettent de
bon cœur tout leur esprit à ce
que la Foy nous enseigne, quoy
que cela passe nostre raison , &
en parlant de la sorte, ils pensent avoir pleinement satisfait
à tout le monde. Je ne doute

point de la sincerité de ces Messieurs, & je veux croire qu'ils
parlent du fond du cœur,
quand ils soûmettent de la sorte leur esprit à la Foy & à la
Puissance de Dieu. Mais j'ay
bien peur que tout le monde
n'aura pas pour eux des sentimens aussi favorables que moy,
pour croire ainsi que leur soumission soit sincere. Car aprés
tout ne semble-t'il pas qu'on
veut se mocquer de nous, &
que ce n'est que pour amuser
les simples qu'on nous apporte
cette distinction de Philosophe & de Theologien. Quoy
donc ce seroit deux systemes
que celuy de la Religion & celuy de la Raison ? & ce qui sera
vray dans l'un se trouvera faux
dans l'autre ? On pourra donc
soûtenir en Philosophie qu'il y

a une manifeste contradiction à croire la Creation du monde, l'Eternité des bien-heureux ou des damnez, la Resurrection des morts, la remission des pechez. On dira hardiment que tout cecy est aussi contraire à l'essence & à la nature des choses, que quatre angles le sont à l'essence & à la nature d'un triangle : Et quand on objectera ce que la Foy nous enseigne, on n'aura qu'à renvoyer tout cela aux Theologiens, & à dire qu'on ne touche point là, & qu'il faut se soûmettre à la Foy. En verité, Monsieur, pourriez-vous bien vous persuader que des personnes qui parleroient de la sorte, parleroient sincerement? Que pouvons-nous donc dire de vos Messieurs qui en usent

14 LETTRE D'VN PHILOSOPHE
de même, à l'égard de l'étenduë
du corps, sinon qu'ils pensent
que J. C. est dans l'Eucharistie
de la façon qu'un triangle peut
avoir quatre angles, c'est à dire
qu'il n'y est point du tout.

VII.
Que
cette ré-
ponse est
dange-
reuse.

Mais je veux que la Foy ait
eu cet empire sur leur esprit, &
qu'elle ait en effet soûmis leur
raison à croire ce qui repugne à l'essence des choses. Mais
ne voyez vous pas combien ces
maximes peuvent estre dange-
reuses à l'égard de ceux qui ne
sont pas si heureux que vous, &
qui sont moins fideles à la grace. N'y a-t'il pas danger que
tout le monde n'aura pas la
mesme soûmission d'esprit
pour se persuader ainsi que
Dieu puisse faire l'impossible.
Sans doute, Monsieur, les Heretiques ne penseront pas manquer au respect qu'ils doivent

à Dieu, quand ils diront qu'a-
vec sa toute-puissance, il ne
sçauroit faire un triangle qui
ait les trois angles moindres
que deux droits. Et comme
d'ailleurs on est persuadé qu'u-
ne verité n'est pas contraire à
une autre verité, & que la Religion ne nous oblige point de
croire à la fois deux contradi-
ctoires, ne diront-ils pas que
c'est une erreur de s'imaginer
que Dieu nous oblige de croire
cette presence réelle du corps
de Jesus-Christ dans un
estat qui ne repugne pas moins
à la nature du corps, que trois
angles moindres que deux
droits repugnent à la nature
d'un triangle.

C'est pour cela que saint
Augustin * nous recommande
de ménager tellement les my-

VIII.
Advis
important
de saint
Augustin.
* Lib de
Gen ad
lit. cap.
21.

steres de nostre foy, que les Philosophes n'y trouvent rien de contraire à ce qu'ils peuvent démontrer par la raison touchant la nature des choses. *Vt quidquid ipsi de naturâ rerum veracibus documentis demonstrare potuerint; ostendamus nostris literis non esse contrariam.* Aussi c'est une chose tres-dangereuse, & qu'il nous faut éviter avec grand soin, dit ce Pere en un autre endroit * de parler de nos mysteres, en telle sorte que les infideles qui nous entendroient dire des choses éloignées de la verité & de la nature, ne pussent s'empêcher de rire, & de nous prendre pour des extravagans. *Turpe est & nimis perniciosum ac maximè cavendum, ut Christianum de his rebus quasi secundum Christianas literas*

*Ibid. cap. 19.

loquentem, ita delirare quilibet in-
fidelis audiat, ut quemadmodum
dicitur toto cælo errare conspiciens,
risum tenere vix possit. Ne seroit-ce pas en effet exposer
noſtre foy à la riſée des Philoſophes & des Geometres, ſi
l'on diſoit que nous ſommes
obligez de croire qu'il y a au
monde un triangle dont les
angles ſont égaux à quatre
droits ? & ceux qui s'en tien-
dront à voſtre Philoſophie,
n'auront-ils pas le meſme ſujet
de rire & de ſe mocquer de nôtre ſimplicité, lors que nous
leur dirons que la Foy nous
enſeigne qu'il y a au monde un
corps ſans ſon étenduë actuelle, ce qui, ſelon vous, n'eſt pas
moins contraire à l'eſſence du
corps, que quatre angles droits
le ſont à la nature du triangle.

Puisque nous sommes sur ce point, permettez moy de faire quelque reflexion sur cette pieuse soumission que Monsieur Descartes fait paroistre, & sur la haute idée qu'il a de la puissance de Dieu. Il dit que si maintenant la nature d'un triangle est d'avoir trois angles egaux à deux droits; cela vient de ce que Dieu l'a ainsi déterminé librement : que si Dieu avoit voulu, il auroit fait autrement, & qu'il auroit institué un autre ordre de la nature, où les trois angles du triangle vaudroient quatre droits , & où un & deux feroient douze ou quinze, & nullement trois. Certainement c'est porter la puissance de Dieu bien loin : & les anciens Peres de l'Eglise ont eu une idée bien basse de cette

nature infinie , quand ils fe
font imaginez qu'il y avoit
bien des chofes que Dieu ne
fçauroit faire avec fa toute-
puiffance. M. Defc. l'entend
bien mieux que tous les faints.
Le mal que je voy en ceci, c'eft
qu'il aura de la peine à perfua-
der une fi importante verité.

Je me fuis trouvé neant-
moins à une Affemblée fort
celebre, où l'on avoit tres-bien
profité de ces belles lumieres
de Monfieur Defcartes : Car
on y foûtenoit publiquement,
que Dieu peut faire, que ce qui
a efté n'ait jamais efté. On dif-
puta contre cette thefe avec
bien de la chaleur: on apporta
les paffages des * Peres qui difent le contraire : & enfin comme on preffoit le répondant de
dire comment donc il faudroit

Veyez
S. Tho-
mas 1. p.
q. 25. art.
4.

que Dieu s'y prift pour faire que nous qui eſtions là preſens, n'euſſions jamais eſté, & que le monde qui eſt maintenant n'ait jamais eſté creé. On répondit qu'il n'y avoit rien de plus aiſé à faire entendre, & que Dieu pourroit faire tout cela. *NON PRODVXISSENDO MVNDVM.* Cette maniere de parler eſt aſſeurément fort elegante, & elle pourra plaire à vos Meſſieurs qui ne la ſçavoient peur-eſtre pas.

x.
La Ste Eſcriture & les Peres n'autho-riſent point ce ſentiment. Mais ne voudroient-ils pas authoriſer leur ſentiment par la ſainte Eſcriture ? Je leur ay oüy dire, ce me ſemble, qu'ils eſtoient en effet fondez ſur des paſſages formels de l'Evan-gile : mais ces paſſages ſont connus de tout le monde, & il n'y a perſonne qui ne ſçache

que l'*impossibile apud homines* de
saint Matthieu & des autres
Evangelistes, signifie ce que
les hommes ne peuvent faire :
& tout le monde sçait aussi que
le *Verbum* de Saint Luc, *non erit
impossibile apud Deum omne Verbü*,
signifie une chose qui ne repugne point en soy : ou pour parler à la maniere de Monsieur
Descartes, une chose dont nous
pouvons former une idée claire
& distincte, sans y concevoir
de la repugnance. Ils pour-
roient donc mieux s'accommo-
der de quelques autres passages
tirez des Peres, qui semblent
dire que les choses qui nous paroissent essentiellement necessaires, ne sont necessaires que
parce qu'il a plû à Dieu de les
rendre telles, *non pas par une
necessité naturelle, mais par sa pro-*

Voyez
S. Tho-
mas 1. p.
q. 25. a.
3. c.

* Iust. q.
21 . ad
orthod.

Gregor. Nyff. l. 6. Philosophiæ, qui eſt de fato cap. 4. vel potius Nemeſ. l. de animæ facultatibus ca. 38. à medio Bib. Patrum tom. 9.

pre détermination volontaire, & de meſme qu'il n'eſt pas permis de penſer que la volonté de Dieu ſoit aſſujettie à la neceſſité, puis qu'il eſt luy meſme l'Autheur de la neceſſité. Que Dieu n'eſt pas ſeulement hors de toute neceſſité, mais qu'il en eſt le Maiſtre & l'Autheur, & que comme Dieu eſt une Puiſſance & une Nature, qui peut ſe ſervir librement de ſa Puiſſance, il ne fait rien auſſi par contrainte ny par la ſujétion d'aucune loy de la nature ou de la neceſſité : que toutes choſes ſont contingentes à ſon égard, meſme celles qui ſont neceſſaires. Quand vos Meſſieurs citeront ces paſſages & quelques autres ſemblables, il faut qu'ils apportent grand ſoin à faire en ſorte qu'on ne s'apperçoive point que ces Peres parlent de la neceſſité naturelle, & non pas de l'essentielle, c'est à dire de ce qui est necessaire à l'égard de l'estat ordinaire du monde, & non pas de ce qui est essentiel à la nature mesme.

Mais puis que vos Messieurs sont ainsi persuadez, que Dieu est le Maistre de la necessité, & que c'est librement qu'il a voulu que les choses fussent faites essentiellemēt necessaires de la façon qu'elles le sont à present: Je voudrois bien leur demander s'ils pensent que Dieu eust pu instituer un autre ordre de la nature, où il pourroit mentir & nous tromper: & un autre encore où il pourroit cesser d'estre & mourir? Je sçay bien qu'un * grand homme du siecle passé distingue les choses qui sont en Dieu & celles qui sont hors de Dieu. Que celles-

XI.
Que suivant le raisonnement de M. Descartes, Dieu pourrois aussi mentir & mourir.

* Claude de Saintes.

cy font toutes dependantes de
fa toute-puiſſance, & que cel-
les-là ſont par une heureuſe neceſſité, eſſentiellement immua-
bles : Qu'ainſi encore qu'il ne
puiſſe ny mentir ny mourir ny
ſubſiſter qu'en trois Perſonnes,
il peut neantmoins faire la nuit
du jour, & renverſer l'ordre
de la nature que nous voyons
le plus eſſentiellement neceſ-
ſaire, lors que cela n'a nulle
connexion avec quelque ſorte
d'imperfection qui deuſt ſe
trouver en Dieu. Mais vos
Meſſieurs ne peuvent, ce me
ſemble, ſe ſervir de cette diſtin-
ction. Car enfin je leur diray
ce qu'ils diſent à l'égard de la
nature du triangle, qu'à la verité nous ne pouvons point
maintenant concevoir un triangle qui n'ait ſes trois angles
égaux

égaux à deux droits , mais que nous concevons clairement que Dieu eſt tout puiſſant, qu'il eſt le Maiſtre de toutes choſes , & que par conſequent il peut faire cela meſme qui nous paroît impoſſible. Mais je ne veux pas pouſſer cecy davantage , ny m'arreſter plus long-temps à refuter cette opinion qu'un ſçavant homme * attribuë aux heretiques Praxéens. Je vous tiens quitte meſme pour ce point. Répondez-moy ſeulement ſur ce qui regarde l'eſtenduë du corps de J. C. dans l'Euchariſtie , & aprés que vous m'aurez ſatisfait ſur cet article , ſongez à me ſatisfaire ſur le ſuivant.

* Theoph Raynaud Theol. nat. diſt. 8. q. 1.

Monſieur Deſcartes dit que par tout où nous concevons de l'eſtenduë , il doit neceſſai-

XII.
Ce que M. Deſcartes dit du vuide.

B

rement y avoir un corps : parce, dit-il, que l'estenduë estant
un attribut & non pas une substance, elle ne peut subsister
sans son sujet, qui est le corps.
De là il conclud qu'il y a de la
contradiction à admettre le
vuide : que Dieu mesme ne
sçauroit aneantir tout l'air qui
est au dedans d'une chambre,
sans y laisser quelqu'autre
corps qui remplisse tout l'en-
tredeux des murailles : Et que
si l'on s'attache absolument à
vouloir que Dieu détruise tout
cet air sans y substituer aucun autre corps ; alors les murailles qui auparavant estoient
separées, se toucheront, sans
que pourtant on puisse dire
qu'elles ayent changé de place. Voila une pensée assez
plaisante, & j'estime heureux

ceux qui ont l'esprit assez pe-
netrant pour la comprendre.
Car pour moi j'avoüe que cela
me passe, & je suis confus de
me voir arresté au premier pas
que je fais dans cette belle
Physique, où l'on fait profession de n'avancer rien que ce
que nous concevons clairement. Mais patience, ce n'est
pas aussi là dessus que je veux
insister maintenant ; voyons
la suitte de cette pensée.

Monsieur Descartes tire delà
par une consequence à son avis
necessaire, que le monde est infini en étenduë. Il est vray qu'il
ne veut pas se servir de ce mot
d'*Infini*, qui seroit trop odieux.
Il a donc substitué en sa place
celuy d'*Indefini*, qui signifie
pourtant la mesme chose. Car
M. Descartes dit que le mon-

XIII.
*Ce qu'il
tire delà
touchant
l'étenduë
à vstaie du
monde.*

B ij

de tel qu'il est presentement,
n'est point borné nulle part, &
qu'il ne le peut estre : or ce qui
existe actuellement tout tel
qu'il est, & qui existe sans a-
voir aucunes bornes ; c'est ce
que tout le monde jusques icy
a appellé *Infini*. Il a plû à M.
Descartes de l'appeler *Indefini*,
à la bonne heure j'y consens,
quoy que j'aye bien de la peine
à souffrir qu'on nous jouë de la
sorte, & qu'on pretende nous
faire acroire qu'on nous tire de
peine par un mot, qui n'ajoûte
rien qu'une syllabe à tout ce
que nous disons de *l'Infini*.
Monsieur Descartes dit donc
que le monde n'a point de bornes, parce qu'au delà de toutes
bornes imaginables, nous concevons encore de l'étenduë, &
par consequent un corps. Ainsi

au delà de ce que nous imaginerions, comme l'extremité du
monde il y a encore des corps :
c'est à dire que le monde s'é-
tend encore au delà de ce que
nous avions pris pour l'extremité du monde.

Cela me paroist un peu faf-
cheux, tant parce qu'il est é-
trange dans l'Eglife, de dire
que le monde est infini ou fans
bornes, que parce qu'il s'enfuit
delà que le corps est un être
abfolument neceffaire, & que
le monde a dû estre de toute
eternité. Car s'il est neceffaire
de concevoir une étenduë, &
un corps au delà des bornes
que nous donnerions au monde, il fera auffi neceffaire de
concevoir une étenduë & un
corps au delà des temps que
nous donnerions à la creation

B iij

XIV.
Suivant
le raifon-
nement
de Monf.
Décartes
le monde
feroit é-
ternel.

du monde, parce que nous concevons qu'avant la creation du
monde, tout est de la mesme
condition que ce que nous concevons au delà du monde. Et
comme M. Descartes dit qu'au
delà de ces bornes pretenduës
du monde, lequel nous imaginerions comme une certaine
boule, il est necessaire de concevoir de l'étenduë, parce que
Dieu y pourroit faire un autre
monde comme une autre boule, laquelle seroit à une certaine distance de celle-cy, & que
par consequent il y auroit un
corps entre ces deux boules, &
qu'ainsi ce monde fini de la sorte seroit une chimere : aussi il
faut dire suivant le raisonnement de M. Descartes, qu'a-
vant la creation du monde
nous devons necessairement

concevoir une etenduë & un
corps, puisque nous nous imaginons bien que Dieu ait pû
produire ce monde, pour lequel il faut de l'étenduë, comme nous imaginerions qu'il
pourroit produire un autre
monde, si nous concevions le
monde fini.

Davantage, si tout de bon
M. Descartes croit que le
monde n'est pas eternel, &
qu'il a esté creé de Dieu, il
doit aussi croire que Dieu au
lieu de produire le monde, se
seroit pu contenter de creer
des Anges & des substances
spirituelles. Et de mesme il
doit croire encore que Dieu
peut maintenant détruire ce
monde corporel, & laisser les
Anges & les ames des hom-
mes qui sont spirituelles. Mais

XV.
Et le
corps ne
estre ne-
cessaire.

B iiij

en cela j'y remarque la mesme contradiction que Mon-
sieur Descartes pretend trouver dans la supposition du
monde fini, ou d'une chambre
vuide. Et pour mieux faire
entendre l'estat de la question, supposons qu'il y a
douze personnes rangées, si
vous voulez, en rond au tour
d'une table dans une chambre. Dieu destruit tout l'Univers, à la reserve des douze
ames qu'il laisse comme elles
estoient. Apres cette supposition, ces ames ne seront-
elles pas encore rangées en
rond ? n'y aura-il pas de l'é-
tenduë entre-elles ? Il y aura
donc encore un corps selon la
Philosophie de M. Descartes.
La détruction du monde est
donc impossible & n'impli-

que pas moins contradiction,
que le vuide d'une chambre.
Est-ce peut-estre que vous
direz que ces ames ne seront
plus rangées en rond? Quoy
donc? seront-elles toutes en
un ploton? J'apprehende que
vous ne disiez en cela des choses bien plus inconcevables
que ce que vous dites ne
point concevoir. Car enfin si
ces ames ne sont plus éloignées les unes des autres, elles qui l'estoient auparavant
quand elles informoient les
corps; il faut selon vos principes qu'elles soient maintenant unies ensemble. Car
ces choses sont ensemble entre
lesquelles il n'y a rien, ou qui
ne sont point éloignées l'une
de l'autre. Mais il est impossible de concevoir que des ames

B v

qui estoient auparavant separées, soient maintenant unies,
sans concevoir quelque sorte
de mouvement. Il faut necessairement qu'elles ayent changé de place pour se joindre
ensemble, il faut donc encore
concevoir une place & une
estenduë, c'est à dire selon
vous, un corps. De plus quelque situation qu'il vous plaise
donner à ces ames, elles pourront sans doute se souvenir
de ce qu'elles avoient remarqué dans le monde lors
qu'il subsistoit : elles pourront
s'en entretenir entre-elles : elles pourront dire, là estoit la
fenestre de la chambre : de ce
costé estoit la porte : il y avoit
en cet endroit un tableau, &
tout vis à vis la cheminée. Quelque effort que vous fassiez, vous

ne sçauriez concevoir cecy autrement. Ainsi vous voyez bien que nous ne sommes pas moins dans la necessité de concevoir de l'estenduë dans cette supposition, que dans celle où nous mettions le monde fini. Et que si de cela seul que nous devons concevoir quelque étenduë au delà du monde que nous imaginerions fini, Monsieur Descartes conclud qu'il y a donc des corps au delà, & que par consequent le monde fini implique contradiction, il faut aussi par la mesme consequence conclure, que la destruction du monde implique contradiction : puisque nous sommes dans la mesme necessité de concevoir de l'estenduë après la destruction du monde, en la maniere que nous la

concevrions au delà du monde.

Ne pensez pas éluder la difficulté, en disant que les substances spirituelles ne sont
point dans le lieu, selon le sentiment mesme de la plus part
des Theologiens. Mais prenez
garde que si l'on dispute sur la
maniere dont les Esprits sont
dans le lieu, on ne doura jamais qu'ils n'y soient verita-
blement. Et quoy qu'il en soit,
je raisonne icy suivant vos
principes, & je dis qu'il est impossible de concevoir qu'un
Ange existe maintenant, sans
qu'il existe, ou au dedans du
Ciel, ou au dehors du Ciel.
D'où vous couclurez qu'il y a
donc un *au dehors* du Ciel,
c'est à dire un lieu au delà, une
estenduë, un corps. De mes-

me en supposant qu'il n'y a
rien au monde que deux Anges, il sera impossible de concevoir que ces deux Anges ne
soient, ou unis ensemble, ou
separez l'un de l'autre : ce qui
ne se peut concevoir selon
vous, sans concevoir un lieu
& un espace, & par consé-
quent nous voila encore dans
l'estenduë, & il y a des corps
lors mesme que nous nous
imaginions qu'il n'y en avoit
point. La destruction du monde est donc impossible : ce que
nous imaginons en supposant
qu'il n'y a point de corps au
monde est une chimere : le
corps est un Estre necessaire.
Aprés cela il ne reste rien à
M. Descartes qu'à dire nettement ce que disoient quelques
Philosophes anciens contre les

quels les SS. Peres se sont tant
animez, sçavoir que Dieu n'est
point Createur, mais Scul-
pteur ou Modelleur, * *Non fa-*
ctor sed fictor : c'est à dire que
Dieu n'a pas fait la matiere &
le corps, puisque c'est une substance eternelle & necessaire.
Et tout ce que Dieu pourra
avoir fait en ce monde, c'est de
tailler cette matiere, d'en ar-
ranger les parties, & de leur
donner quelque mouvement.
Mais aussi ce sera à nous à luy
dire ce que disoient les Saints
à ces anciens Philosophes :
a *Malheur à vous qui voulez que*
ce monde ait esté fait de quelque
matiere qui subsistoit auparavant.
b *Dieu n'est pas inventeur de figures,*
mais il est le Createur des choses.
Ne me dites pas Monsieur,
que plusieurs Theologiens

*Iust. in
paran.
δημιουρ-
γὸς ἢ
ποιητὴς.

a Author
opusc. ad
Theoph.
l. 6.
b Basil.in
hexam.
hom. 1.
nitio &
hom. 1.
XVI.
Monsieur
Desc. ao

Catholiques difent la mesme chose pour l'étenduë, quoy que peut-estre ils n'admettent point la consequence, qui neantmoins suit de ces principes, que le monde est infini. Non, Monsieur, parmy les Theologiens qui ne reconnoissent point d'étenduë positive, si ce n'est où il y a des corps, vous n'en trouverez pas un qui dise qu'au delà de ce monde il y ait une étenduë positive. Ils disent tous que ce que nous imaginerions au delà du monde, est de la mesme condition que ce que nous imaginons avant la creation du monde : c'est à dire qu'il n'y a rien au delà du monde, comme il n'y avoit rien avant la creation du monde. Mais M. Descartes dit au contraire,

doit point tirer avantage de ce qu'y disent quelques Theologiens des espaces imaginaires.

qu'absolument il faut concevoir qu'il y a une estenduë positive, c'est à dire un corps au
delà du monde que nous imaginerions fini. C'est à vous,
Monsieur, à me faire voir
comment cela s'accorde avec
ce que nous sommes obligez
de croire, touchant la creation du monde.

Pour moy je ne sçaurois me
persuader que Monsieur Descartes ait pensé en effet, que
le corps fust un être necessaire,
& le monde eternel. Je veux
croire qu'il estoit bon Chré-
tien, & que sincerement il reconnoissoit que le monde a
esté creé dans le temps. Mais
sa doctrine ne s'accorde pas ce
me semble avec sa creance, &
en effet voicy encore un autre
endroit, où il fait voir que le

monde a dû estre de toute
eternité. Il dit que Dieu ne
sçauroit maintenant produire,
de nouveau un seul degré de
mouvement dans les corps qui
sont au monde, ny aussi le détruire, parce, dit il, que si
Dieu le faisoit, il seroit sujet
au changement & à l'imperfection. Et si cela est ainsi, Dieu
n'a donc pas pû commencer à
produire aucun degré de mouvement ou de repos, puisque
pour lors il auroit changé luy-
mesme. Il faut donc dire, que
s'il produit maintenant une
certaine quantité de mouvement ou de repos, il l'a produite de toute eternité. Et si
vous voulez encore adjoûter,
quelque chose, il faudra, ou
qu'il ne produise aucune ame
raisonnable, ou qu'il les ait

produites toutes, de toute e-
ternité. Cela est surprenant,
& il y a sujet de s'estonner,
qu'un Philosophe de nos
temps en soit pû venir là.

XVIII.
Que
Dieu
peut
f. ire les
chose
de nou-
veau
sans
change-
ment de
sa part.
Vous sçavez combien tous
nos Docteurs se sont écriez
contre le Philosophe Proclus,
qui a voulu prouver par les
principes d'Aristote, que le
mouvement devoit estre eternel. Je ne crois pas qu'on doive tant s'allarmer contre Monsieur Descartes. Car aprés
tout, ce que disoit Proclus
avoit quelque apparence de
raison, & pouvoit donner
quelque peine à resoudre.
Mais ce que dit Monsieur Descartes en cecy, est la chose du
monde la plus foible & la
moins propre à surprendre les
esprits. Car qui ne sçait que

tous les changemens qui surviennent aux creatures se font
sans aucun changement de la
part de Dieu. Il est vray que
Dieu ne fait rien dans le temps
qu'il n'ait resolu de toute eternité de faire. S'il commençoit
maintenant à se determiner,
sans doute qu'il seroit sujet à
l'imperfection & au changement. Mais comme il a pû se
resoudre à demeurer une eternité toute entiere sans rien faire au dehors : aussi a-t-il pû se
resoudre à produire dans le
temps, des corps, & des esprits, & des mouvemens : &
avec la mesme facilité auroit-
il pû se resoudre à détruire
tous ces mesmes corps & tous
ces esprits, avec tous ces mouvemens, ou bien à en produire
de nouveaux, comme en effet

il crée tous les jours de nouvelles ames : ou enfin à arrester
les mouvemens qui sont, ou à
en faire une plus grande quantité. Tout cela est si aisé, que
je ne vois rien qui soit capable de faire la moindre peine
à ceux qui sont tant soit peu
raisonnables.

XIX.
Que
l'espace
n'est pas
un corps
reel.

Ce que Monsieur Descartes
dit de l'espace, qu'il considé-
re comme un veritable corps,
ne peut non plus faire grande
impression sur les Esprits. Ce
n'est qu'une pure imagination
de cet Autheur, bien opposée
au sentiment universel des
hommes, que saint Gregoire
de Nysse a exprimé lorsqu'il

Serm. 1.
de ani-
mâ.

dit, * Qu'à la verité tout corps
a bien les trois dimensions ; mais
que tout ce qui a les trois dimensions
n'est pas corps pour cela, puisque

le lieu a son estenduë en longueur,
en largeur, & en profondeur.
Cette longueur du lieu ou de
l'espace que nous imaginons
n'est pas un accident positif,
ou un estre reel comme pense
Monsieur Descartes ; car ce
n'est qu'une pure distance qui
est, par exemple, entre deux
murailles de la chambre dont
nous avons parlé. Ces murailles après la destruction de tous
les corps d'entre deux, sont
aussi éloignées l'une de l'autre
qu'elles l'estoient auparavant.
Cet éloignement peut estre
plus grand ou plus petit, & il
se mesure, non par le corps qui
est actuellement entre deux,
mais par celuy qui peut y estre.
Rien ce me semble n'est plus
facile à concevoir. Voici
neanmoins une pensée que

j'ay ouy propofer à une perſonne fort intelligente qui peut ôter toute ſorte de doute.

Quoy qu'il en ſoit de la conſequence que j'ay tirée de la doctrine de Monſieur Deſcartes, vous croyez bien, Monſieur, que le monde a eſté creé de Dieu dans le temps : aſſeurement vous n'en doutez point. Comme il l'a creé, il peut auſſi le détruire : & aprés l'avoir détruit une fois, il peut le reparer ; ou ſi vous voulez, il peut en produire un autre tout de nouveau. Y a-t-il en cela rien qui choque l'eſprit, ou qui ne ſe conçoive ſans aucune diſculté ? Et neantmoins en ce cas, entre ces deux mondes, ou plûtoſt entre la deſtruction de l'un, & la production de l'autre,

il y auroit un intervalle de
temps. Il seroit ridicule de
dire , comme font ces Messieurs, à l'égard des murailles,
que ces deux mondes se tou-
chent & se suivent sans interruption , l'un aprés l'autre.
Nous pouvons sans doute appliquer en cette rencontre le
fameux *Erat quando non erat;*
il estoit un temps auquel Dieu
existoit , sans que le monde
existast : & Dieu aprés avoir
détruit le monde , pourroit
dire avant que de le reparer
Ie suis, & le monde n'est point.
Il y a donc un intervalle de
temps entre ces deux mondes ,
& cet intervalle pourroit estre
plus grand ou plus petit , selon
qu'il plairoit à Dieu de se determiner : de sorte que Dieu
aprés avoir détruit ce premier

monde , pourroit attendre
l'espace d'un an ou de cent ans
à reproduire l'autre, comme il
avoit attendu toute une eternité à produire le premier.
Ainsi nous pouvons aisément
concevoir un intervalle de
temps, lors mesme qu'il n'y a
dans la nature aucun mouvement, ny aucune creature : &
nous mesurons cette espece de
temps, non pas par rapport
au mouvement réel de quelque corps qui existe, puisqu'il n'y en a point, mais au
mouvement qui pourroit estre
si le premier monde avoit con-
tinué. L'application qu'on
peut faire de l'espace du
temps à l'espace du lieu, est
trop facile pour s'arrester davantage à l'expliquer.

XX.
2.me. Pour ce qui est de l'étendue
actuelle

actuelle, que M. Descartes dit
estre de l'essence du corps, cela non plus, n'a pas grande
difficulté. J'ay veu un Geometre qui dit qu'il y a demonstration pour prouver qu'un
corps qui occupe en un temps
le volume d'un pied cubique,
peut ensuitte, du moins par
la puissance de Dieu, estre
estendu dans un espace de
cent pieds sans laisser du vuide, ou estre tout ramassé dans
la pointe d'une aiguille, ou si
vous voulez dans un point, &
qu'en cela il n'y a pas plus de
repugnance, qu'à faire deux
mouvemens d'inegale vitesse,
ou à faire couler une mesme
liqueur par un canal irre-
gulier. Cette mesme per-
sonne assure qu'on peut demonstrer Geometriquement,

l'estendue actuelle ny l'im-pecatrra-bilité ne sont point de l'essence du corps.

C

que deux corps peuvent estre
dans un mesme lieu, & qu'en
cela il n'y a pas plus de repugnance qu'à faire un mélange parfait de deux liqueurs.
Je dis un mélange parfait, pour
le distinguer de celuy que
nous appellons *per juxta-positio-
nem*, comme les grains de deux
sortes de bleds peuvent estre
meslez & confondus ensem-
ble, ou comme l'eau se mesle
avec le vin : ce qui se fait en
sorte que les plus petites parties de l'eau s'insinuent à travers les parties insensibles du
vin. Mais enfin ces petites
parties ne sont point intime-
ment meslées elles - mesmes :
elles subsistent en leur nature,
& occupent chacune leurs places separément des autres ;
comme les petits grains de

bled subsistent toûjours les
mesmes chacun en sa place
particuliere, quoy qu'à l'é-
gard de tout le monceau, tous
les grains soient pesle-mesle
confondus. Ce n'est donc pas
comme ce Geometre l'en-
tend, mais il veut un mélange parfait, en sorte que suivant la definition d'Aristote, *chàque partie pour petite
qu'elle soit meslée.* Or qu'un tel
mélange se puisse faire, on le
demonstre par cette division
infinie qui se fait selon Monsieur Descartes, dans le mouvement inegal d'une liqueur,
& il est aisé de faire voir que
ce mélange parfait de deux liqueurs ne repugne pas plus
en soy, que ce mouvement iné-
gal d'une mesme liqueur. A-
prés quoy il est visible, que

*De gen.
& cor.
l. 1. cap.
10.

C ij

dans ce cas où deux substances seroient ainsi parfaitement meslées, elles seroient aussi toutes deux indivisiblement en mesme lieu ; n'y ayant partie imaginable du lieu quelque petite qu'elle soit, qui ne contienne quelque chose de l'une & de l'autre substance, puisque par la supposition, ces deux substances ne sont pas seulement divisées en petites parties, lesquelles s'insinuent les unes entre les autres ; mais plûtost qu'elles sont si parfaitement meslées, qu'il n'y a partie imaginable du lieu, qui ne contienne quelque chose de l'une & de l'autre substance.

XXI.
M. Des-
cartes dit
au fond
la mesme Voicy une autre difficulté qui ne me paroist pas petite, Toutes les personnes raison-

nables traîtent d'extravagance, ou plûtoſt d'impieté, le
ſentiment d'Epicure, qui veut
que tout ce monde ſe ſoit formé par une rencontre heureuſe des Atomes qui voltigeoient
de toutes parts. Certainement il n'y a que des eſprits
abrutis par le vice, qui ſoient
capables de penſer que cet ordre admirable de l'Univers, &
ce rapport merveilleux qu'ont
entr'elles toutes les parties
qui le compoſent, ait pu ſe
faire ainſi par hazard, & ſans
la conduite de quelque intelligence. Monſieur Deſcartes
ne croit pas à la verité que
le monde ait eſté fait par hazard, & ſans la Providence.
Mais au fond ce qu'il dit
n'eſt point different de ce que
dit Epicure. Car il veut ſeu-

choſe qu'Epicure touchant la formation du monde.

C iij

lement que Dieu ait fait toute la matiere : qu'il l'ait divi-
fée en de petites parties à peu
prés égales; c'est à dire, en de
petits cubes ou des parties
quarrées, comme des dez :
qu'il les ait agitées en divers
fens chacune en fon propre
centre, & plufieurs d'elles autour d'un centre commun.
Voila tout ce que Monfieur
Defcartes veut que Dieu faffe:
aprés quoy, Dieu peut de-
meurer en repos : il n'a que
faire de fe mefler davantage
de la conduite du monde : les
chofes fe feront d'elles-mef-
mes : Et Monfieur Defcartes
pretend que de cette feule
hypothefe, il déduira par des
confequences neceffaires, ti-
rées des loix de la mechanique, tout ce que nous voyons

dans le monde : Que le Soleil
se formera, que les Estoilles
& les Planetes prendront
leur place dans l'Univers & y
garderont parfaitement l'ordre de leurs revolutions perio-
diques : que les Elemens & les
Mineraux se formeront icy
bas : que toutes sortes de Plantes & d'Animaux s'engendre-
ront sur la Terre & dans les
Eaux : En un mot, que de ce
ramas confus de parties ainsi
agitées, comme de l'ancien
Chaos des Poëtes, il sortira
un Monde entier avec toutes
ses parties, tout semblable
à celuy que nous voyons. Je
demande maintenant, si
ce qu'il y a de plus odieux
dans le sentiment d'Epicure,
ne se trouve point dans l'hypo-
these de Monsieur Descartes.

C iiij

Qu'importe que ce soient des
parties cubiques, qui se meuvent en rond, ou bien des Atomes irreguliers qui descendent
de biais ? Les Atomes d'Epicure estoient de differente figure. Ce Philosophe en met-
toit de ronds & de plats, de
convexes & de concaves, de
crochus & d'uniformes, &
par toutes ces inegalitez differentes, il pouvoit se faire du
moins que plusieurs de ces a-
tomes s'embrassant les uns
avec les autres, composassent
diverses sortes de masses. Mais
les petites parties de Monsieur Descartes estant toutes
uniformes, est-il plus aisé à
concevoir que de leur mouvement circulaire il puisse sor-
tir un monde si diversifié & si
parfait que celuy que nous
voyons.

Il est vray que Monsieur Descartes croit que Dieu concourt à toutes ces productions : mais cela ne fait rien, & c'est justement comme si je disois qu'avec le Concours de Dieu par le mouvement des parties d'eau qui s'élevent en vapeur, il pourroit se former des nuës qui eussent la figure de soldats, & d'une armée entiere qui marchast en bel ordre, & qui venant à rencontrer une autre semblable armée, donnast le combat dans les formes. Vous voyez, Monsieur, que le concours de Dieu ne fait rien en cette affaire, & qu'à moins que Dieu, ou quelque autre Intelligence, ne vienne expressément à ranger toutes ces parties de vapeurs, jamais ces parties pour

XXII.
Ce que Monf. Descartes reconnoist le concours de Dieu ne l'excuse pas.

subtiles qu'elles soient, ne pourront former, je ne dis pas deux armées, mais mesme deux soldats. Au reste comme le sentiment d'Epicure est non seulement extravagant, mais encore impie, parce qu'il favorise l'Atheïsme, détruisant la nécessité de la Providence, & faisant un monde qui peut se passer d'un Dieu, ce qui fait horreur à ceux qui ont quelque sentiment de pieté : Je vous laisse à juger, Monsieur, ce que nous devons dire du systeme de Monsieur Descartes, qui est en cela si semblable à celuy d'Epicure.

Vous me direz sans doute, que Monsieur Descartes est hors de tout soupçon, & de toute envie : puisqu'il a demonstré l'existence de Dieu :

XXIII.
Monf.
Defcar-
tes a
fort bien
parlé de
Dieu.

qu'il a prouvé que la matiere
ne sçauroit seulement se mouvoir, si Dieu ne luy donne
luy-mesme le mouvement :
qu'il a toûjours parlé de Dieu
d'une maniere qui fait bien
voir que tres-sincerement il
estoit persuadé de la dépendance que nous avons de sa
providence. Il est vray,
Monsieur, j'ay esté tres-édi-
fié de voir la reverence & la
soûmission avec laquelle il a
parlé de Dieu & de l'Eglise:
je n'ay garde de vouloir penetrer jusques dans son ame, &
de juger de son interieur autrement que par ce qui paroist
au dehors. Je veux croire que
c'est tout de bon, & avec de
veritables sentimens, qu'il a
parlé de la sorte. Mais aprés
tout, je ne puis pas bien ac-

corder son procedé avec tous ces beaux sentimens : Car à voir le biais dont il s'y prend, on diroit qu'il a voulu prouver la beauté de son esprit, plustost que l'existence de Dieu.

XXIV
Mais il n'a pas bien procedé pour demonstrer son existence.

Et en effet, si tout de bon il vouloit demonstrer l'existence de Dieu, pourquoy s'est-il attaché à vouloir faire cette demonstration par la seule idée que nous en avons, & independemment de toutes les autres considerations ? Il a crû sans doute qu'il estoit beau de commencer sa Philosophie, par prouver que nous avons une ame spirituelle, & qu'il y a un Dieu. Il a voulu que ce fussent là les deux premieres connoissances de son Sage, & qu'aprés s'estre dépoüillé de

tous les préjugez, aprés avoir
renoncé à tout ce qu'il auroit
pû sçavoir, enfin aprés avoir
douté de tout, la premiere chose qu'il découvriroit, ce fust,
qu'il a une ame, devant mesme qu'il sçache s'il a un corps,
ou ce que c'est que corps, &
puis la seconde, qu'il y a un
Dieu, devant mesmes qu'il
sçache s'il y a d'autres creatures au monde, ou s'il y a mesme un monde dans la nature.

Voila la pensée de Mon-
sieur Descartes, & s'il avoit
eu aussi bonne intention
de prouver un Dieu, qu'il
a eu de complaisance pour
cette pensée, qu'il a crû
estre uniquement de luy, je
doute fort qu'il s'y fust pris de
ce biais, & qu'il eust renoncé
ainsi à tous les autres moyens

que nous ayons de demon-
strer invinciblement cette sou-
veraine existence de Dieu,
pour s'attacher à des raisons
qui sont sujettes à mille chi-
caneries. Lors qu'un Advocat
y va tout de bon, il prend tous
les avantages pour rendre sa
cause meilleure, & ce seroit
une grande impertinence, s'il
faisoit profession de laisser
toutes les pieces les plus con-
vainquantes, & de renoncer
à tous les titres les plus incontestables, pour s'attacher
à prouver son droit dans une
abstraction Metaphysique.
Tout ce qu'on pourroit dire
en faveur de cet Advocat, c'est
qu'il auroit plaidé pour faire
voir son esprit, & non pas
pour maintenir le droit de sa
Partie. Ne pouvons nous pas

en dire autant de Monfieur
Defcartes. Il s'agit de prouver qu'il y a un Dieu : nous a-
vons pour cela des pieces in-
conteftables , il ne faut que
produire le monde , & regar-
der le Ciel , pour eftre convaincu d'une Supréme Intelligence : il ne faut que fuivre
les Caufes qui fe pouffent les
unes aprés les autres , pour en
venir bien toft à une Premiére.
Monfieur Defcartes renonce
à toutes ces pieces, il n'en veut
pas entendre parler, il ne veut
point qu'il y ait de la fuitte ou
de la dépendance dans les caufes, il fe fait un cas Metaphyfique , & par la feule idée qu'il
trouve dans luy-mefme d'une
nature infinie, il prouve qu'il
y a un Dieu. C'eft ce me femble trahir fa caufe , auffi bien

que celle de Dieu : Ce qui
doit sans doute paroistre d'autant moins supportable, que
ces raisons ainsi abstraites de
Monsieur Descartes, sont les
raisons du monde les plus chi-
caneuses, & les plus sujettes
à mille difficultez, pour ne pas
dire que quelques-unes ont
esté deja rejettées par saint
Thomas, *comme de purs pa-
ralogismes.

Que sera-ce si nous disons
que le Dieu que prouve M.
Descartes, n'est pas le Dieu
que nous reconnoissons pour
le Createur de toutes choses.
Car enfin ce Dieu de Mon-
sieur Descartes, c'est un Dieu
qui peut faire, que deux & un
fassent quinze : c'est à dire,
qui peut subsister en quinze
personnes. C'est un Dieu dont

*1. p. q.
2. a. 1.
2m.

XXV.
Si le
Dieu
que prou-
ve M.
Desc. est
le vray
Dieu.

le monde se peut passer depuis
qu'une fois il en aura divisé &
agité les parties. C'est un Dieu
qui a fait la matiere & le corps
de toute eternité : ou plûtost
qui n'a fait ny corps ny matiere, puisque toute la substance
indéfiniment estenduë, est necessairement de toute eternité.
C'est un Dieu qui ne sçauroit
détruire maintenant un seul
degré de mouvement, ou en
produire un de nouveau, à
moins que de se déclarer luy-
mesme sujet au changement
& à l'imperfection. C'est un
Dieu qui nous oblige à croire
ce qui repugne à l'essence des
choses, & qui ne peut mettre
un corps sous les apparences
du pain, sinon en la maniere
qu'il peut faire un triangle à
quatre angles droits. Aprés

cela, je ne ſçay que penſer du
Dieu de Monſieur Deſcartes,
& tout ce que je puis dire en
faveur de ce Philoſophe, c'eſt
que ſi ſon intention a eſté bonne, ſa doctrine me paroiſt
mauvaiſe.

XXVI.
Senti-
ment des
Theolo-
giens tou-
chant les
formes
& les
accidens.

Je ne dis rien de ce que
Monſieur Deſcartes nie toutes
les formes ſubſtantielles & ac-
cidentelles, quoyque la foy
nous enſeigne qu'il y a des
Vertus ſurnaturelles qui ne
peuvent eſtre que de veritables Qualitez infuſes & inherentes dans l'ame meſme des
enfans qui ſont baptizez, devant qu'ils ayent atteint l'âge
de la raiſon. De plus vous ſçavez que le ſentiment des
Theologiens catholiques eſt
que dans le myſtere de l'Euchariſtie il y a des accidens

reels & physiques, qui subsistent par miracle sans sujet :
& ils pensent que la foy de ce
mystere ne nous permet pas
de douter que les accidens ne
demeurent. Car l'Eucharistie
estant un Sacrement, c'est à
dire un signe visible de la grace invisible, il faut necessairement qu'il y ait quelque
chose de sensible : & comme
ce ne peut estre aucune substance, ce doivent estre les
accidens. De plus dans l'Eucharistie il se fait une veritable *Conversion*, & un changement qu'on appelle *Transsub-
stantiation.* Or en toute conversion il doit y avoir quelque
chose de commun qui demeure aprés le changement le
mesme qu'il estoit avant le
changement, autrement ce ne

seroit pas une conversion,
mais une simple substitution
d'une chose qu'on mettroit en
la place d'une autre : & comme il n'y a aucune substance
qui demeure ; il faut que ce
soient de purs accidens. Davantage le Concile de Con-
stance a condamné comme
heretique cette proposition,
qui est la seconde de Wiclef,
*Accidentia non manent sine subje-
cto : Les accidens ne demeurent
point sans sujet.* Et quoyque le
Concile de Trente ne se soit
point servi du mot d'accidens,
il a neantmoins défini la mesme chose à l'égard des *Especes*,
qui dans le langage de tous les
Theologiens ne signifient autre chose que les accidens. *Car
que sont autre chose les especes que
des accidens sans sujet.* Est - il

dit au Concile de Cologne,
Quid enim panis viníque species
aliud funt post consecrationem, quâ
species sacramentales, & acciden-
tia sine subjecto? De plus ce seroit une chose bien peu sor-
table à la majesté de ce Sacrement, s'il y avoit de l'illusion,
& si Dieu nous trompoit en
nous faisant voir ce qui n'est
point. Puis donc que tous
nos sens nous découvrent les
mesmes accidens qui estoient
auparavant, il faut aussi reconnoistre qu'ils y sont, &
qu'ils y sont sans sujet.

Je sçay bien qu'à tout cela
vous répondez qu'à l'egard
des qualitez & des habitudes,
vous ne niez pas qu'il n'y en
ait point du tout, mais vous dites seulement que ces qualitez
ne sont pas des Estres reélle-

XXVII.
Ce qu'on
peut di-
re en fa-
veur de
Monf.
Desf. à
l'égard
des habi-
tudes
surnatu-
relles.

ment distincts. Et comme ceux des Theologiens qui nient la distinction des Modes, ne laissent pas de reconnoistre des modes surnaturels, comme l'Union Hypostatique, de laquelle ils disent qu'elle est *produite par le S. Esprit, & par la Trinité, que c'est le Baume & l'Onction dont l'Humanité a esté consacrée, & pour laquelle enfin, ils employent les mesmes expressions, dont se servent ceux qui veulent que cette union soit quelque Entité reéllement distincte : aussi vous reconnoissez des habitudes & des qualitez surnaturelles, infuses par le S. Esprit dans l'ame des fidelles, quoy que vous ne vouliez pas que ce soient de nouvelles Entitez. Outre que,

Vide-Mar. cinon Et De Bugis. lib. 7. de Incarn.

de trés-grands * Theologiens soûtiennent , que la foy ne nous oblige point de reconnoiftre des habitudes furnaturelles , comme des formes , & des qualitez diftinctes & inherentes.

Vafquez 1. 2. difp. 79. cap. 1. citans Sotum & Canum. item 22. difp. 203.

Et à l'égard de l'Euchariftie, je fçay que vous dites que les apparences du pain & du vin qui fubfiftent aprés la confecration , peuvent eftre un figne fuffifamment fenfible, & que ces mefmes apparences peuvent fubfifter par miracle, fans qu'il y ait aucun accident reél & phyfique; Que la Tranfubftantiation eft une maniere de Converfion *toute finguliere*, & qui n'a rien de * femblable avec les converfions naturelles , comme remarque S. Thomas : qu'auffi

XXVIII Et à l'égard de l'Euchariftie pour les accidens.

3. p. q. 75. art. 4.

il n'y a rien de commun qui
demeure, sinon le *Concept*
Metaphysique de l'être, ainsi que
le dit expressément le mesme
S. Thomas. Que si ce S. Do-
cteur avoüe en un endroit, *
que les accidens peuvent par
quelque sorte de rapport &
de similitude, passer pour sujet
commun dans cette conver-
sion; on en peut dire autant
des apparences qui subsistent
les mesmes, de quelque maniere qu'on explique ces apparences. Que si l'on pense
qu'il y auroit de la tromperie
dans ces apparences, il faut
aussi penser qu'il y en a dans
les accidens. Mais S. Thomas
fait voir, que cecy ne se peut
nommer tromperie ny illu-
sion, parce que ces termes se
prennent toûjours en mau-
vaise

vaife part, & marquent quelque malice & quelque fraude
du cofté de celuy qui nous
trompe ; ce qui eft fort eloi-
gné de la maniere infiniment
jufte, dont Dieu en ufe dans
ce Sacrement, où pour des rai-
fons qui nous font tres-avan-
tageufes, il a voulu exercer
noftre foy, en nous cachant
ces myfteres fous les mefmes
apparences : qu'ainfi dans cette Hypothefe des feules apparences, il n'y auroit pas plus
d'illufion que dans celle des
accidens reels, parce que nos
fens ne jugent que des feules
apparences, & fi nous nous
trompons, c'eft en ce que nos
jugemens fe precipitent à dé-
terminer qu'outre cette apparence, il y a du pain & des accidens : Que fi les apparences

D

nous portent naturellement à
juger qu'il y a quelque substance reelle qui les souftient, on
en peut dire autant des accidens.

19.
De la
propofi-
tion de
Vuiclef.

    Quant à la propofition de
Wiclef, vous dirres qu'elle est
aſſurément bien condamnée :
mais qu'il ne s'enſuit pas pour
cela qu'il y ait des accidens qui
ſubſiſtent : Que cet heretique
difant *Que les accidens ne demeu-*
roient pas ſans ſujet, vouloit dire que le pain & le vin ſubſi-
ſtoient pour ſujet des accidens:
ce qui eſt contre la foy. Que
la difpute qui s'eſtoit élevée
dans l'Egliſe, n'eſtoit pas s'il
y avoit des accidens au monde, ou non, mais ſi le corps
& le ſang de J. C. eſtoient ve-
ritablement prefens, & ſi la
ſubſtance du pain & celle du

vin, ceſſoient d'eſtre dans
l'Euchariſtie : qu'ainſi le Concile en condamnant cette
propoſition de Wiclef, *Les ac-*
cidens ne demeurent point ſans ſujet ;
n'a jamais prétendu eſtablir
cette propoſition *Qu'il y a des*
accidens qui demeurent ſans ſujet :
de quoy il ne s'agiſſoit nullement : mais qu'il a voulu définir
Que les accidens ne demeurent point
avec le ſujet, c'eſt à dire avec
la ſubſtance du pain & du vin,
qui eſt ce que prétendoient les
heretiques. Auſſi un grand
Cardinal * avoit remarqué
que cette propoſition, que
des accidens demeurent ſans ſujet,
n'eſt certaine dans la foy, ſi-
non hypothetiquement, ſup-
poſé qu'il ſoit vray que les accidens ſont des eſtres reels &
abſolus, ou qu'ils ſubſiſtent

Vide
Joan.
Prapo-
ſitum 3.
P. q. 77
a. 3. dub.
1. n. 5.

Petrus
de Al-
liaco in
4. q. 6.
a. 3.

D ij

dans l'Euchariſtie, mais que cela n'eſtant pas certain dans
la Phyſique, cette autre propoſition ne peut avoir de certitude dans la foy.

Vous adjouſtez que le Concile de Trente ne s'eſt jamais
voulu ſervir du mot d'accident : & comme remarque So-
to qui avoit aſſiſté au Concile, c'eſt avec reflexion que les
Peres ont toûjours employé
le mot de *Species : manentibus ſo-*
lûm ſpeciebus, qui eſt en effet la
maniere ordinaire de parler
dont ſe ſont ſervis les ſaints Peres. Or ce mot de *Species* veut
dire des apparences, & ne ſi-
gnifia jamais des accidens
réels. Mais parce que depuis
que la Philoſophie d'Ariſtote
a prevalu dans l'école, on s'é-
toit perſuadé que ce qui cauſe

cette apparence que nous re-
marquons dans les choses,
c'estoient de certaines petites
Entitez distinctes qu'on ap-
pelloit des accidens, on a aisément confondu l'un avec
l'autre : & comme d'ailleurs
le langage des Peres, & nostre
propre experience nous con-
vaint que les mesmes apparences du pain & du vin demeurent, on a cru aussi que les accidens demeuroient. Mais que
le Concile de Trente n'a point
voulu mesler les problemes de
la Philosophie avec les dogmes
de la foy. Et puisqu'il n'a jamais employé le mot d'accidens, déclarant seulement
que dans l'Eucharistie, il n'y
a ny pain ny vin, & que le
corps & le sang de J. C. y sont
sous les seules apparences du

pain & du vin : vous ne croyez
pas qu'on puiſſe exiger autre
choſe de voſtre creance, puiſque vous faites profeſſion de
croire entierement ces deux
points, qui ſont ainſi déclarez
par le Concile, ſçavoir la pré-
ſence reelle du corps & du ſang
de J. C. & l'abſence totale de
la ſubſtance du pain & du vin.

Je ſçay que vous dittes tout
cela, Monſieur, & que de
plus vous pretendez meſme de
pouvoir expliquer par vos
principes, comment les meſmes accidens ſubſiſtent effectivement dans l'Euchariſtie.
Mais aprés tout vous m'avoüe-
rez que ceux qui ont un peu de
zéle & de tendreſſe pour leur
foy, ne s'engagent jamais à des
ſentimens qui ont beſoin de
tant d'interpretations pour

81.
Monſ.
Deſc. a
parlé
d'une fa-
çon cha-
quante
ſur le ſu-
jet de
l'Eucha-
riſtie.

estre conformes à la creance
de l'Eglise. Si jamais les loix
de la prudence nous obligent
d'aller toûjours au plus seur,
il est évident que nous ne
sçaurions quitter ce sentiment,
universel des Docteurs catholiques, où nous ne pouvons
faillir, pour prendre un sentiment contraire qui ne peut
estre que douteux, & que la
pluspart des Docteurs nonob-
stant toutes vos raisons, con-
damnent comme une heresie
formelle. Mais ce que je trouve le plus à redire dans le procedé de Monsieur Descartes,
c'est la façon dont il parle de
cecy. Il dit que la maniere
dont les Theologiens expli-
quent la *Transubstantiation est*
intonceuable : Qu'il y a *una ma-*
nifeste contradiction à croire que

les accidens subsistent sans sujet, & que ce ne soient pas des
substances. Que c'est pour cela
que quelques-uns se sont éloignez
de la creance de l'Eglise Romaine :
Que le temps viendra auquel cette opinion qui admet des accidens
réels, sera rejettée par les Theologiens, comme peu seure dans la
foy, repugnante à la raison, & du
tout incomprehensible, & que la
sienne sera receuë en sa place comme certaine & indubitable. Il
faut avoüer que Dieu a mal
pourveu aux necessitez de l'E-
glise : s'il eust envoyé Monsieur Descartes au temps que
les Heresiarques se souleve-
rent, sans doute que ce grand
homme les auroit tous appai-
sez, & que par les lumieres de
son esprit, il auroit bientost
dissipé ces tenebres qu'avoit

causé la confusioh & l'igno-
rance des Docteurs Catholiques. Monsieur Descartes
n'espere pas encore assez du
succez futur de sa doctrine.
Que ne dit-il plustost que le
temps viendra, auquel les
Theologiens reconnoissant de
bonne foy qu'il y a une manifeste contradiction dans le mystere de l'Eucharistie, ferme-
ront la bouche à tous les Heretiques avec ce mot qu'ils au-
ront appris de luy, Que Dieu
est le maistre de la Nature,
qu'il peut renverser l'essence
des choses, & qu'il luy est
aisé de faire l'impossible.

Je puis joindre à tout cecy
ce que disent vos Messieurs
touchant l'union de l'ame &
du corps. Il y a apparence
qu'ils ne disent rien en cela,

31. Suivant les Carteſiens, il n'y a que Dieu qui puiſſe produire le mode

D v

que cel qu'ils ont appris par
tradition de leur Patriarche.
Car je voy qu'ils s'adcordent
tous en ce point, & que tout
d'un coup on a fait paroistre
divers ouvrages où cette maniere d'vnion est expliquée.
Outre que Monsieur Descartes s'est luy mesme suffisam-
ment expliqué sur ce sujet, &
l'on tire aisément de divers endroits de ses ouvrages, qu'il
ne l'entendoit point autrement. Ces Messieurs donc
pretendent nous faire entendre clairement tout le mystere de cette vnion, & pour cela ils commencent par dire qu'-
aucune creature possible ne
peut agir en façon du monde
sur les corps pour les mouvoir.
Voila déja une estrange avance qu'il nous faut faire, pour

ne trouver plus de difficulté
dans l'union du corps & de
l'ame. Quand nous voyons
qu'un boulet de canon est por-
té avec violence contre le
mur, nous nous imaginons
que la ruine qui survient dans
la muraille est causée par ce
boulet : Mais nous nous trompons lourdement. Il n'y a ny
canon, ny poudre, ny boulet,
ny machine, ny homme, ny
ange, ny creature imaginable
qui soit capable d'ébranler u-
ne chaumine. C'est Dieu uniquement qui à l'occasion du
feu, pousse luy-mesme le boulet, & qui à l'occasion du boulet poussé, renverse la muraille, laquelle autrément demeu-
reroit inébranlable. De mesme lors que nous voulons remuer le doigt, & que le doigt

se remuë ; nous croyons que
c'est nous en effet qui le remuons : mais c'est une erreur
qui fait tort au souverain do-
maine de Dieu. Ce n'est nullement nous qui remuons le
doigt, toutes les forces creées
ne sont pas suffisantes pour cela : c'est Dieu seul qui suivant
la resolution qu'il en a prise
dés le commencement, à l'occasion de l'acte de nostre volonté, produit luy-mesme ce
mouvement dans nostre doigt.
En un mot c'est Dieu qui fait
tous les mouvemens qui arri-
vent dans le monde, & tout ce
que font en cela les creatures,
c'est de servir à Dieu d'occasion, afin qu'il execute ce qu'il
a resolu de faire en telles & telles circonstances. De sorte
que tous les effets que nous

voyons dans la nature ne font
que des operations de Dieu &
des suittes du *Pacte* qu'il a fait
avec luy-mefme : Je m'imagine que c'eft à peu prés comme
ces effets extraordinaires que
font les demons, en fuitte du
pacte qu'ils ont fait avec les
Sorciers.

Cette opinion n'eft pas nouvelle : elle a defia efté exami-
née par les Theologiens. Et
quand je vous diray que Suarez la traitte d'extravagante,
de temeraire & d'erronée en
la foy, vous ne voudrez pas
recevoir fon témoignage :
Suarez neantmoins eft affure-
ment un grand homme, & qui
peut juger de ces matieres.
Mais je vous allegue un autheur, à l'authorité duquel
vous n'avez rien à redire. Saint

Marginal note:

II.
Cette o-
pinion a
efté cen-
furée
par S.
Thomas.
Vera
fuit fen-
tentia
afferens
res crea-
tas nihil
operari,
fed Dei
ad præ-
fentiam
earum
omnia
efficere :
tribui
autè a-
ctionem
igni, a-

que &c.
propter
apparen-
tiam &
quia
Deus ve-
luti PE-
PIGIT
non effi-
ceret ale
fectus
nisi ad
tal ũ re-
rum præ-
sentiam.
Suarez
Met.
disp. 17.
s. 1.
q. 1.
art. 4. 6.

Thomas au 2. des Sentences,
* rapporte qu'il y avoit divers
sentimens en cecy parmy les
Philosophes, dont quelques-
uns vouloient que Dieu fist
immediatement toutes choses:
de sorte qu'à proprement parler, il n'y avoit point d'autre
cause au monde des effets sensibles, que Dieu: Ainsi que
le feu n'échauffoit pas, mais
que c'estoit Dieu à la presence
du feu: que ce n'estoit pas la
main qui se remuoit, mais que
Dieu en certaines circonstances ayant égard à celuy à qui
appartient la main, faisoit
luy-mesme ce mouvement. Je
ne crois pas que vous discon-
veniez que ce ne soit là le sentiment de vos Messieurs. Voï-
cy maintenant le jugement
qu'en fait saint Thomas. Hæc

positio stulta est. Vous traduirez ces paroles comme il vous plaira, *Hæc positio stulta est, quia ordinem tollit universi, & propriam operationem à rebus, ac destruit judicium sensus.* Et en un autre endroit il dit que cette mesme opinion, *dero-* Contra Gent. cap. 69. *gat divinæ sapientiæ, bonitati & virtuti.* Vous pouvez voir par là, ce qu'on peut dire de vos Messieurs qui renouvellent sans y penser des opinions que Saint Thomas a jugé qui é-toient extravagantes & con-traires à l'experience de nos sens, qui dérogeoient à la sa-gesse, à la vertu & à la bon-té de Dieu.

Au reste ces Philosophes que condamne ainsi saint Tho-mas ne parloient que de ce qui se fait dans les corps. A la 14. Suivant la doctri-ne des Carte-siens nos ames ne

produi-
roient
point en
elles-
mesmes
leurs pe-
sées.

verité vos Messieurs ne parlent aussi que des mouvemens,
& par consequent de toutes
les actions des corps, puisque
dans vos principes tout se fait
par le seul mouvement local :
mais il est visible que les raisons qu'ils apportent pour
prouver qu'aucune creature
possible ne sçauroit produire
aucun mouvement dans les
corps, prouveroient aussi, si
elles pouvoient quelque chose, que nos ames ne sçauroient
produire en elles-mesmes aucunes pensées, & que Dieu
seul produit en nous tous les
mouvemens de nos esprits &
de nos volontez. Et en effet,
dans tout leur raisonnement,
vous n'avez qu'à substituer le
mot de Pensée ou d'acte de
nostre volonté en la place de

celuy de Mouvement, & vous
verrez que tout ce qu'ils con-
cluent de l'un, se peut conclure des autres. Tout leur raisonnement est, que nulle a-
ction ne peut estre conservée
que par celuy qui l'a une fois
produite. Or à considerer le
mouvement des corps, com-
me il n'y en a pas un qui ait le
mouvement de soy-mesme, &
qu'ainsi tout corps qui est dans
le mouvement est meu par
quelque autre cause, il faut
necessairement reconnoistre
qu'il y a un premier moteur,
sçavoir Dieu, qui ait produit de son plein gré le premier mouvement dans les
corps : que par consequent
c'est luy aussi qui le conserve,
c'est-à-dire, qui continuë à
le produire. Voila à mon avis

tout leur raisonnement.

Mais vous sçavez que comme Aristote dans les livres de * Physique, & après luy S. Thomas ont très-bien montré la necessité du premier moteur, par cela mesme, que tout corps qui est meu, doit avoir esté meu par une cause étrangere. Aussi le mesme Aristote *a* dans ses livres de morale, & après luy encore saint Thomas *b* & S. Anselme *c* ont par un semblable raisonnement, prouvé la necessité du premier moteur pour donner le branse à nos volontez. Il n'y a rien de mieux pensé que ce que saint Thomas dit sur ce sujet en divers endroits : tous les Theologiens en demeurent d'accord, & on n'est en different que pour sçavoir, si

35.
Application du raisonnement des Cartesiens aux operatiõs de l'ame.

*8. Phy.
&c* 12.
Meta.
phys.

a 7. Moral. Eudem.

b 1. 2. q.
9. a. 4. c.

c De casu diaboli cap. 11.
& 13.

pour chaque choix de noſtre
libre arbitre, il faut une im-
pulſion particuliere de la part
du premier moteur, comme
veut Vaſquez, & c'eſt en effet ſbid.
le ſentiment de ſaint Thomas:
ou bien s'il ſuffit que Dieu une
fois pour toutes, ait émeu nos
volontez par l'inclination ge-
nerale qu'il nous donne pour
aller au bien comme veut Sua- In 1. 2.
res, & il ſemble que ce ſoit le d. 6. c.
ſentiment de S. Anſelme. Mais 7. n. 5.
quoy qu'il en ſoit, il eſt aiſé de
nous convaincre qu'il faut en
venir à une premiere motion
qui ne peut venir que de
Dieu. Aprés cela, je n'ay
qu'à faire ce raiſonnement
comme ces Meſſieurs : Ce premier mouvement du corps ou
de noſtre ame eſt une action :
Toute action doit neceſſaire-

ment eftre confervée par ce-
luy-là feul, qui feul l'a une fois
produitte : Donc quand un
corps pouffé contre un autre
femble produire le mouve-
ment dans cet autre corps ; ce
mouvement eft produit uniquement de Dieu feul, qui
fans doute a réfolu de le faire
ainfi, & de produire ce mouvement dans le corps frappé
enfuite du mouvement qu'il
auroit produit dans le corps
frappant. Donc auffi quand
après la majeure & la mineure
d'un Syllogifme , noftre efprit vient à acquiefcer à la
conclufion : ou bien quand a-
prés une longue deliberation ,
la volonté fe détermine &
choifit : ce n'eft pas noftre efprit qui produit en luy-mef-

me cet aveu & ce confente-
ment qu'il luy femble donner
à la conclufion du Syllogifme;
ce n'eft pas non plus noftre
volonté qui fait ce choix, &
qui fe détermine e C'eft Dieu
uniquement qui produit en
nous ces mouvemens, c'eft-à-
dire ces actes de noftre enten-
dement & de noftre volonté e
& il le fait de la forte, parce
que fans doute il a réfolu de
produire ainfi le mouvement
de la confequence aprés avoir
produit le mouvement des
premieres propofitions, & de
mefme de produire en nous le
mouvement du choix aprés
le mouvement de la deliberation.

En bonne foy, Monfieur,
que vous femble de ce raifon-
nement, où l'on dit des actions

36.
En cette
applica-
tion il ne
manque
rien à

de l'ame, ce que vos Messieurs disent de celles du corps ? Direz-vous que ce raisonnement ne conclud pas bien à l'égard de l'ame ? Mais que luy manque-t-il de ce qui se trouve dans le discours que vous faites à l'égard du corps ? Direz-vous que l'ame a une puissance active pour produire ses propres pensées, & que Dieu luy donne cette premiere impulsion en sorte que c'est neantmoins elle qui agit, & qui est la cause qui produit en elle-mesme cette pensée ? Mais ne puis-je pas nier cela avec la mesme facilité, que vous le niez à l'égard du mouvement des corps ? & ne puis-je pas vous dire que tout ce que nous experimentons, c'est qu'il y a dans nostre ame des pensées,

l'égard des pensées de ce qu'on dit à l'égard des mouvemens.

qui nous surviennent à diverses occasions les unes après les
autres, comme nous voyons
que divers mouvemens se suivent dans les corps qui se ren-
contrent : mais que nous n'experimentons pas que ces pensées soient en effet produites
par nostre ame mesme, comme nous n'experimentons pas
que ces mouvemens soient
produits par les corps. Vous
voyez bien la ressemblance
toute entiere entre les pensées & les mouvemens : Quoy
donc avoüerez-vous que ce
discours conclud également à
l'égard de l'un & de l'autre ?
Mais si cela est, que deviendra
nostre liberté ? il faudra donc
dire que nous ne faisons rien :
que nous sommes des instru-
mens morts ; que Dieu fait

tout en nous, qu'il manie nos
esprits & nos volontez comme un ouvrier manie ses outils
qui n'ont en eux le moyen de
faire aucun mouvement que
celuy qu'il plaist à l'ouvrier de
leur donner. Mais vous voyez
bien, Monsieur, que c'est là
ce qu'il y a de plus horrible
dans l'heresie des Lutheriens.
Cela me fait un peu de peine.

37.
En quoy
manque
le raison-
nement
des Car-
tesiens.

Ce que je trouve en cecy
de plus surprenant, c'est de
voir que vos Messieurs, qui
sont gens d'esprit s'il en fust
jamais, qui ont une connoissance parfaite de la Geometrie, & qui par consequent
doivent estre faits aux demon-
strations, prennent pour une
veritable demonstration ce
qu'ils disent icy de la cause du
mouvement.

mouvement. Mais est-il possible qu'on veüille faire passer pour un principe incontestable, ce qu'ils mettent sous le titre d'*Axiome* à la façon des Geometres. *Qu'une action ne peut estre continuée que par l'agent qui l'a commencée*, & que de là ils prétendent démonstrer que le mouvement qui est une a-ction & qui doit estre produit pour la premiere fois de Dieu mesme, ne peut par aprés estre produit d'aucune autre cause que de Dieu. Mais, Mon-sieur, cette proposition qu'on veut faire passer pour un axio-me, à vostre avis a-t-elle la clar-té & l'évidence des Principes? ou pluſtoſt en la prenant au sens de vos Messieurs, n'est-el-le point évidemment fausse? Les mouvemens de nos ames,

E

c'est-à-dire nos pensées, ne font-ce pas des actions ? ces mouvemens ne doivent-ils pas estre produits de Dieu en nous pour la premiere fois dans le sentiment de saint Thomas : faudra-t-il donc que Dieu produise luy-mesme immediatement toutes nos pensées, & tous les actes de nôtre volonté ? Mais pour prendre des exemples sensibles, une maison qui a esté bastie par un architecte ne pourra-elle subsister un moment sans le secours de celuy qui l'a faite, ou bien pour éviter les chicanes que l'on me pourroit faire sur cet exemple, lorsqu'un homme agite une pendule, faut-il qu'il soit perpetuellement à la pousser pour entretenir son mouvement ? Je pourrois neantmoins en cet endroit rai-

sonner de cette sorte : L'agitation de la pendule est une a-
ction : la pendule n'a point
cette agitation d'elle mesme :
il faut donc qu'elle soit deter-
minée par quelque cause é-
trangere, c'est à dire, par un
homme qui la prenne, qui la
tire de son centre, ou qui la
pousse de la façon qu'il la peut
pousser. Nulle action ne peut
estre continuée que par l'a-
gent qui l'a commencée. Si
donc nous voyons que cette a-
gitation dure, & qu'aprés une
cheute il en survient une autre, il ne faut pas croire que
celle-cy soit causée par celle-
là, mais il faut reconnoistre
que la mesme main qui a donné le premier bransle à la pendule, continuë d'y produire à
sa façon chaque battement.

Ce qui a pû leur donner quelque occasion de raisonner de la sorte, c'est à mon avis l'idée plaisante qu'ils ont du mouvement. Ces Messieurs, qui trouvent une manifeste contradiction à croire que Dieu puisse faire subsister les accidens sans sujet ; considerent le mouvement, aussi bien que le repos, comme un Estre immuable, dont Dieu a créé une certaine quantité dés le commencement du monde, qui subsiste toûjours depuis indivisiblement, & qui se transporte de sujet en sujet ; de sorte qu'à leur avis, le mouvement & le repos sont à peu prés à lé'gard des corps, ce que l'Esprit estoit à l'égard des ames dans la fiction de ces Poëtes, qui vouloient que chaque

ame allaſt à un reſervoir commun puiſer & avaller autant
d'eſprit qu'elle en pourroit
prendre. Ou pour faire une
comparaiſon plus juſte, c'eſt
comme la Terre que Dieu a
creée, & qu'il a laiſſée aux
hommes en partage : de ſorte
que c'eſt maintenant à eux à ſe
diſputer le terrain, & à faire
à qui l'emportera : la terre ſub-
ſiſtant toûjours la meſme, autant que les uns en acquerent,
autant faut-il que les autres en
perdent. De meſme Dieu a
produit dés le commencement
tout le repos & tout le mouvement. Il a laiſſé aux Corps
tout cela en partage, comme
en leur diſant : Accommodez-
vous entre vous, voila ce que
je vous donne, menagez-le
comme il vous plaira ; mais

n'attendez rien davantage. Là
dessus c'est aux corps à se battre : comme il n'y a plus de
repos ny de mouvement produit de nouveau, aucun corps
ne peut acquerir le moindre
degré de mouvement ny de
repos, qu'il ne l'enleve d'un
autre corps. Peut-on rien
penser de plus jolly ? & ne
faut-il pas avoüer que Monsieur Descartes a infiniment
de l'esprit ? Il ne faut donc
point s'étonner si ces Messieurs ne considerant le mouvement que comme une action
indivisible, ils disent en suitte que tout mouvement est
produit immediatement de
Dieu.

La dif-
ference
du con-
cours &

Je ne me serois pas arresté
si long-temps sur ce sujet, si
je ne voyois que vos Messieurs

y ont de l'attache & de la complaisance, & si je ne croyois
que les suittes en sont tres importantes. J'ajouste icy que
s'il est aisé de répondre à leurs
discours, puisqu'il ne faut que
nier leur pretendu *axiome*, Il
n'est pas aussi fort difficile de
prouver qu'en effet les creatures peuvent agir, & que les
corps estant une fois agitez
de Dieu, peuvent produire
des mouvemens. Mais remar-
quez, s'il vous plaist, que nous
reconnoissons tous la necessité
du Concours de Dieu, c'est-à-
dire que nous avoüons que
Dieu produit en effet toutes
choses, mais nous disons qu'il
peut produire en deux manieres. Quelquefois il agit immediatement par soy-mesme,
par son propre choix, & sans

de la pro-
duction
immé-
diate de
Dieu.

s. Thom.
le prou-
ve tres-
solide-
ment 3.
c. 8. cap.
69.

E iiij

attendre l'exigence ou la determination des creatures,
& alors nous difons fimple-
ment que Dieu produit. Mais
quelquefois auffi il agit non
pas immediatement par fon
pur choix, mais par la détermination des creatures : & a-
lors nous difons que les creatures agiffent, & que Dieu
concourt avec elles à la production de l'effet. Or pour
difcerner le concours d'avec
cette production immediate
de Dieu, voicy une regle infaillible. Comme ce qui
vient uniquement du choix de
Dieu, & ce qu'il fait de fon
plein gré fans avoir égard à
l'exigence des creatures, ne
peut eftre preveû de quelque
intelligence creée fi Dieu ne
l'a revelé expreffement luy-

mesme, ou s'il n'en a donné quelques autres marques qui le fassent connoistre ; nous devons conclure que les effets que nous pouvons naturellement prévoir que Dieu fera, ne se feront que par le concours, c'est à dire, à l'exigence, & à la détermination des creatures.

Or il y a de certains effets que nous pouvons prévoir par la seule lumiere de la raison, & sans avoir egard à ce que l'experience ou la foy nous ont apris. Et c'est ainsi qu'en renonçant à tout ce que nous sçavons par l'experience ou par la revelation, des-là que nous concevons qu'un corps tourne en rond, nous prouvons que toutes ses parties font effort pour s'éloigner

40.
Qu'il y a des effets que Dieu ne produit qu'en concurrant avec les creatures.

E v

du centre de leur mouvement,
& que si une de ses parties
vient à se détacher, elle se
mouvra en ligne droite par la
tangente. Nous prouvons que
si un corps est meu vers un autre corps par quelque force
que ce puisse estre ; cet autre
corps, qui auparavant estoit
immobile, doit commencer à
se mouvoir s'il n'est d'ailleurs
arresté & inébranlable, nous
montrons des cas ausquels le
corps meu se reflechira. Nous
prevoyons les angles qui se feront dans la reflexion, nous dé-
terminons les vitesses qui sur-
viendront aprés les percus-
sions. Et c'est en cette maniere que Monsieur Descartes
luy-nesme, a entrepris d'éta-
blir les loix du mouvement,
par les seuls principes de la

raiſon actuelle, & nullement
par l'experience. Ainſi nous
devons dire que tous ces mouvemens ainſi prevûs ne ſont
pas des effets du pur choix de
Dieu, & de la reſolution qu'il
luy ait plû de prendre d'agir
de la ſorte pluſtoſt que d'une
autre maniere qu'il auroit pû
choiſir : & il faut reconnoſ-
tre que Dieu produit ces mouvemens en concourant ſuivant
l'exigence naturelle des choſes & la determination des
corps. Il n'en eſt pas ainſi de
la Grace que Dieu produit dans
nos ames, dans les Sacremens.
Car quoy qu'en voyant les
preparatifs qu'on fait pour
baptizer un enfant ; je puiſſe
predire infailliblement que la
grace ſera infuſe ; je ne puis
neanmoins le faire qu'en vertu.

de la connoissance que me
donne la foy. De mesme à
considerer les dispositions de
la matiere organisée dans un
Embryon, on peut bien dire
infailliblement qu'une ame
raisonnable surviendra bien
tost : mais ce n'est que par la
connoissance que nous donne
l'experience. Car ayant égard
à la nature du corps seulement, quelque disposition
qu'on y remarquast, on ne
s'aviseroit jamais de penser
qu'une ame raisonnable deust
survenir pour animer ce corps,
si l'experience ne nous avoit
fait connoistre que cela ne se
fait jamais autrement.

Venons maintenant à l'u-
nion du corps & de l'ame. Ces
Messieurs la font consister en
ce qu'il y ait un tel rapport en-

Q'elle est l'union de l'ame & du corps selon les cartesiens ?

tre le corps & l'ame, que certains mouvemens survenans
dans le corps, Dieu produit infailliblement certaines pensées
dans l'ame; & reciproquement,
certaines pensées survenant
dans l'ame, Dieu produit infailliblement certains mouvemens dans le corps. Ainsi
quand nostre ame a cette pensée, ou plustost cette volonté
Ie veux mouvoir ma main, Dieu
incontinent meut ma main, &
je suis heureusement trompé
quand je m'imagine que c'est
moy qui l'ay remuée. De mesme quand l'air agité d'un ca-
non vient à fraper nos oreilles & d'émouvoir par ce moyen
de certains petits nerfs qui
vont répondre à la Glande
Pineale ; alors Dieu produit
dans nos ames une certaine

pensée que nous experimentons & que nous appellons
sentiment du son. Voila toute l'union que ces Messieurs reconnoissent : ils n'en veulent
point d'autre : & mesme ils
nous veulent faire entendre
qu'il est impossible d'en imaginer une plus propre que
celle-là.

42.
L'action
reciproc-
que du
corps &
de l'ame
seroit mo-
rale &
non pas
physique.

Sur quoy j'ay deux difficultez. L'une, qu'à ce conte l'u-
nion de l'ame & du corps aussi
bien que leurs actions reciproques de l'un envers l'autre, ne
seroient point physiques mais
seulement morales. L'autre,
que cela peut avoir une mauvaise suite à l'égard de l'Union
Hypostatique. Ceux des Theologiens qui ne veulent point
d'autre vertu dans les Sacremens pour produire la grace,

qu'une vertu morale, difent
que Dieu a ainfi refolu de produire cette qualité furnaturel-
le de la grace, toutes les fois
que ces fignes exterieurs feroient faits avec toutes les
conditions requifes : Ainfi ils
difent que ces fignes ne produifent point phyfiquement la
grace, qui ne peut en effet
proceder reellement que de
Dieu : mais que comme Dieu
eft determiné par ces fignes
exterieurs à faire cette production, fuivant la refolution
qu'il en a prife, on dit auffi
que ces fignes produifent moralement la grace. Ne faudra-
il pas dire la méfme chofe des
mouvemens du corps & des
penfées de l'ame ? que l'ame
ne produit le mouvement du
corps que moralement, & que

le corps n'agit auſſi que moralement ſur l'ame. Peut-eſtre
que vous trouverez quelque
difference entre la maniere
d'agir des Sacremens, & celle
qui eſt reciproquement en l'a-
me & au corps; puis que vous
pourriez dire qu'on appelle a-
ction morale, celle qui eſt
produite de Dieu par une inſtitution ſinguliere : & qu'on
appelle action phyſique, celle
qui eſt produite auſſi de Dieu
par une inſtitution ordinaire
dans tout l'eſtat de la nature.
Mais à ce conte, il faudra dire
auſſi que la matiere diſpoſée
produit phyſiquement l'ame
raiſonnable : puis que cette production ne ſe fait que
par une inſtitution ordinaire à
toute la nature, qui n'a jamais
eſté autrement. Choiſiſſez

lequel il vous plaira des deux,
ou dites que la matiere produit physiquement l'ame raisonnable, ou bien avoüez que
l'ame & le corps n'agissent que
moralement l'un à l'égard de
l'autre : Car enfin suivant vos
principes, l'ame n'est pas autrement la cause du mouvement du corps, que la matiere disposée l'est de l'infusion
de l'ame.

D'ailleurs il s'est trouvé des
Theologiens qui ont expliqué
la grace habituelle , par une
certaine union qu'ils disoient
estre entre le Saint Esprit &
l'ame du juste : en telle sorte
que l'ame se determinant à
produire un acte par exemple
de charité ; le Saint Esprit par
un concours extraordinaire ,
produisoit cet acte & le faisoit

41.
L'union
du corps
& de l'a-
me ne se-
roit non
plus que
morale.

furnaturel : & reciproquement le Saint Efprit agiffant
d'une maniere qui luy eft connuë ; certains actes auffi fur-
naturels s'en enfuivoient dans
l'ame du jufte. Quoy qu'il
en foit de ce fentiment, on ne
diroit jamais pour cela que le
Saint Efprit fuft uny phyfiquement à l'ame, mais feulement on diroit qu'il y auroit
là une union morale. N'eft-
ce pas là la mefme chofe à l'é-
gard de voftre union de l'ame
& du corps?

Mais ce qui me paroift plus
important, c'eft que de là il
s'enfuit que vos Meffieurs n'ad-
mettront point d'autre union
entre le Verbe & l'Humanité
dans J. C. que celle que re-
connoiffoit Neftorius. Cet
Herefiarque qui vouloit deux

44.
Quelle confe-
quence on peut
tirer de là tou-
chant l'union
Hypofta-
tique.

Perſonnes auſſi bien que deux
Natures dans J. C. n'établiſ,
ſoit ſon erreur que dans la penſée qu'il avoit que Dieu n'é-
toit pas reellement & phyſiquement uni à l'homme. Les
Docteurs les plus penetrans
remarquent que ce n'eſtoient
pas là deux hereſies differentes
de Neſtorius, & que la multi-
plicité des Perſonnes qu'il ſoſ-
tenoit, n'eſtoit qu'une ſuitte
indiviſible du defaut d'union
laquelle il ne vouloit point re-
connoiſtre. Cependant il eſt
viſible que Neſtorius admet-
toit entre Dieu & l'homme
une union toute ſemblable à
celle que vos Meſſieurs diſent
eſtre entre l'ame & le corps. Il
reconnoiſſoit ce rapport entre
ces deux Natures, qu'elles a-
giſſent reciproquement l'une

De Bur-
gis de
Incar.
l. 7.

à l'égard de l'autre : que le Verbe eternel agissant d'une certaine maniere, de certaines a-
ctions de l'homme s'en ensui-
voient infailliblement ; & de
mesme que l'homme agissant
de son costé le Verbe se trouvoit tout disposé à agir & à an-
noblir ces mesmes actions de
l'homme d'une façon qui les
pourroit distinguer de toutes
les actions du reste des creatures. Cependant cette sorte d'u-
nion que reconnoissoit Nesto-
rius a esté condamnée d'heresie, & il a esté declaré qu'il fal-
loit quelque autre chose. Les
Sociniens se sentiront fort o-
bligez à vos Messieurs s'ils
s'avisent de leur doctrine :
car sans changer de creance
sur le mystere de l'Incarnation,
ils pourront dire qu'ils ont les

sentimens que demandent les anciens Docteurs de l'Eglise. On sçait que les Peres ne demandent point une plus forte union dans J. C. entre la nature divine & la nature humaine, que celle qui se trouve en l'homme entre l'ame & le corps. Du moins ils se sont toûjours servis de cet exemple, & ils ont dit que le Verbe & l'homme font un J. C. comme le corps & l'ame font un homme. Ainsi puisque vous ne voulez point d'autre union dans l'homme que ce rapport reciproque de pensées & de mouvemens, en sorte qu'à l'action du corps l'ame agisse, & reciproquement à l'action de l'ame le corps agisse aussi ; vous ne sçauriez exiger d'autre union dans J. C.

qu'un semblable rapport d'operations reciproques entre ces deux natures.

Au reste vos Messieurs ne prennent pas bien ce me semble, la chose comme elle est. Ils veulent expliquer la maniere d'union qui est entre le corps & l'ame, & ils pretendent rendre cela plausible, & faire comprendre ce mystere sans aucune difficulté. C'est à mon avis, vouloir faire l'impossible. Cette union est un mystere inexplicable, comme

remarquent les saints *Peres. Nous sommes bien convaincus qu'il y a en effet une union : mais la maniere dont se fait cette union est entierement inconnue. Et ç'a esté sans doute une providence particuliere de Dieu, de nous fai-

re ainſi voir en nous-meſmes
une image de cette union in-
comprehenſible du Verbe:
pour nous faire comprendre
que celuy qui peut unir en
nous deux naturels auſſi differens que le ſont le corps & l'eſprit, n'ignore pas le moyen
d'unir encore la nature divine
avec la nature humaine.

Voila, Meſſieurs, les premieres difficultez que j'ay ſur
la doctrine de Monſieur Deſcartes qui regardent toutes la
Religion : j'en ay encore quelques autres qui ne regardent
que la pure Phyſique, & qui
ne me donnent pas à proportion moins de peine à reſoudre
que les precedentes. Je neveux
pas vous les propoſer icy, parce
que je ſçay qu'une perſonne
qui entend fort bien ces ma-

46.
Quel-
ques di ſ-
ficultez
particu-
lieres
touchant
la Phyſi-
que de M.
Deſ.

tieres a entrepris de faire un re-
cueil des fautes qu'il a remar-
quées dans cette nouvelle
Physique. Il m'en a bien voulu communiquer quelque
chose : & je suis pleinement
convaincu que Monsieur Descartes a dit plusieurs choses
insoûtenables. Je laisse tout
cela pour dire un mot de ce qui
a déja esté fait.

Vous sçavez ce que Mon-
sieur Descartes dit de la Glande Pineale. Tout ce qu'il a
fait sur les passions & sur les o-
perations des animaux est éta-
bly sur ce qu'il avance à l'é-
gard de cette glande, où il
suppose que toutes les fibres &
tous les nerfs vont aboutir,
pour y faire le siege de l'ame.
Mais que sera-ce, si cela n'est
pas veritable, & si on luy fait
voir

47.
Ce que
M. Des-
cartes dit
de la
Glande
Pineale
des Muf-
cles & de
la Refpi-
ration.

voir que dans cette glande il
n'y a ny fibres, ny nerfs qui y
aboutissent ? Que sera-ce si
cette glande n'est pas dans la
situation que Monsieur Des-
cártes suppose, & qui est necessaire pour soustenir tout
son systeme de l'homme ? C'est
pourtant ce qu'a fait voir Mr.
Stenon : C'est ce qu'on montre visiblement à l'Académie
Royale, & dequoy il faut convenir, à moins qu'on ait plus
de déference pour l'idée de
Monsieur Descartes que pour
le témoignage de ses propres
yeux. Vous sçavez ce qu'il
dit encore des valvules reciproques qu'il a imaginées
pour expliquer le mouvement
des membres ; Mais les plus
habiles Anatomistes font voir
que dans ces parties il n'y a

F

pas la moindre apparence de
ces valvules pretenduës. Vous
sçavez de plus ce qu'il a dit
de la composition de la Reti-
ne, où il veut que tous les fi-
laments du nerf optique se
terminent d'vne certaine maniere : Et cependant Monsieur
Mariote fait voir que la Reti-
ne est une peau uniforme qui
n'a nulle conjonction avec le
nerf optique.

*48.
*il
*s'est trõ-
*pé dans
*les regles
*du mou-
vement. De plus vous sçavez que
toute la Physique de Mon-
sieur Descartes est establie sur
les loix du mouvement qu'il a
pretendu demonstrer & expliquer au commencement de ses
Principes. Dans toute la suite
de son ouvrage il cite perpetuellement ces regles du mouvement, & il nous renvoye
sans cesse aux loix de la nature

ou de la mechanique qui sont
toutes fondées sur les sept regles qu'il a voulu establir en
ce lieu-là * mais que sera-ce de
cette belle Physique si ces regles du mouvement sont faus-
fes, & si Monsieur Descartes
s'est trompé dans ce qu'il a
pris pour les loix de la nature?
Ne faut-il pas que tout le
corps de sa doctrine, comme
une Republique qui n'est
point gouvernée par les loix
de l'Estat, soit dans le desor-
dre & dans la confusion? Cependant on dit qu'en effet
Monf. Descartes s'est trompé dans l'intelligence de ces
loix de la nature : & l'Autheur
du discours du mouvement local,
pretend demonstrer que des
sept regles du mouvement que
Monsieur Descartes a voulu

* Princ.
1. par. §.
46. 47.
&c.

eſtablir, il n'y en a qu'une de veritable, & que les ſix autres ſont fauſſes. J'ay lû ce livre & je ſuis tout à fait couvaincu qu'il dit vray. Je n'ay point veu qu'on y ait répondu ; Cependant ce livre a paru en divers endroits : il a eſté traduit en Angleterre : on a mis meſme à la teſte de cette traduction que ç'eſtoit contre Monſieur Deſcartes. Je n'ay pas appris neantmoins qu'en Angleterre non plus qu'en France perſonne ait entrepris d'y repondre.

49.
Et dans la propagation de la lumiere.

De plus à la fin de ce meſme diſcours on a adjouſté quelques remarques ſur une lettre de Monſieur Deſcartes, touchant la lumiere. Cette lettre eſt écritte avec beaucoup de ſoin : Comme il s'a-

giſſoit d'une matiere qu'il eſti-
moit luy meſme une des plus
importantes de ſa Philoſophie
& dont auſſi il croyoit eſtre le
plus aſſeuré ; il y a parlé avec
beaucoup de fermeté, & il
s'eſt eſtudié à répondre avec
plus de force quand on l'a
attaqué ſur ce point. Nous
n'avons qu'à conſiderer comme il parle luy-meſme pour
voir combien il avoit cela à
cœur : *Ie penſois (dit-il) ſça-* Lett. 17.
voir cela ſi certainement , que ſi tom. 2.
on me pouvoit convaincre de fauſ-
ſeté là-deſſus , j'eſtois tout preſt
d'avoüer que je ne ſçavois rien du
tout en Philoſophie....Ie diſois que
s'il ſe rencontroit en cela le moindre
intervalle de temps , j'eſtois preſt de
confeſſer que toute ma Philoſophie
eſtoit entierement renverſée. Vous
voyez l'aſſurance avec la

F iij

quelle Monſieur Deſcartes de-
clare icy ſon ſentiment : il parle de la ſorte parce qu'il pen-
ſoit avoir demonſtration de
ce qu'il avançoit , comme il
l'a expliqué dans la ſuitte de
cette lettre. Mais dans les remarques dont je parle , on fait
voir que Monſieur Deſcartes
s'eſt trompé, que ſa preten-
duë demonſtration n'eſt qu'un
pur paralogiſme, & que meſme
dans la ſuitte de ſon diſcours
il y a du moins trois ou quatre
erreurs inſouſtenables. Il n'y
a rien qui doive eſtre ſi ſenſi-
ble à un Geomettre que le
reproche qu'on luy fait d'a-
voir commis un paralogiſme,
ſur tout quand il s'agit d'une
matiere qu'on eſtime importante, qu'on y a penſé fort ſe-
rieuſement, & qu'on a fait de

grandes avances pour témoi-
gner l'affurance avec laquelle on croit eftre certain des
chofes. C'eft à vous autres
Meffieurs à fauver l'honneur
de voftre Maiftre, puifque
vous vous intereffez fi fort à
tout ce qui le touche.

Mais Monfieur quand vous
m'aurez pleinement fatisfait
fur tous ces points qui con-
cernent la Religion, & qu'en-
fuitte vous m'aurez fait voir
que Monfieur Defcartes ne
s'eft point trompé en effet
dans aucun de ces endroits
de Phyfique, apres cela vous
n'aurez encore rien fait à mon
égard, parce que pour mon
entiere converfion, il vous re-
ftera à me monftrer que la
Philofophie, ou fi vous voulez
la Methode de M. Defcartes

50.
La Phi-
lofophie
de Mr.
Defcar-
tes s'ar-
refte à la
furface
des cho-
fes. &
celle
d'Ari-
ftote paf-
fe plus
avant.

F iiij

eſt meilleure que celle d'A-
riſtote que j'ay ſuivie juſques
à cette heure : Car autrement
vous voyez bien qu'il n'y a pas
de la bien ſeance à me preſſer
de changer de ſentiment & de
créance. C'eſt pourtant ce que
j'ay peine à croire que vous
puiſſiez faire , & à vous dire
franchement ma penſée, je ſuis
un peu prevenu ſur ce point, &
je ſuis perſuadé qu'avec toutes vos experiences & toutes
vos demonſtrations de Geometrie vous vous arreſtez à
l'écorce , au lieu qu'Ariſtote
penetre juſqu'au cœur de la
nature. Cela vous paroiſt ſur-
prenant Monſieur , & vous
croyez que je me raille :
car en effet vous avez oüy
dire cent fois à vos Meſſieurs
que dans la Philoſophie de l'e-

cole, on n'enseigne rien de la
nature, qu'Aristote ne dit que
ce que tout le monde sçait déja, qu'on répond à toutes les
questions par une Qualité, par
une Vertu, par une Forme, qui
ne donnent aucune nouvelle
connoissance : au lieu que
Monsieur Descartes passe bien
plus avant : qu'il explique les
choses comme elles sont en
elles-mesmes : qu'il fait entendre leur nature , & qu'il
rend raison de tous leurs effets.

Vos Messieurs parlent bien
à leur aise, quand au milieu
d'un Cercle, ils disent tout ce
qui leur plaist touchant la doctrine d'Aristote, sans qu'il y
ait personne qui les puisse
contredire. Ils tournent alors
tout en ridicule. Ils font faire

F v

aux Philofophes des raifonne-
mens admirables, & ils les
font monter de degré en degré, pour les conduire enfin
au comble de l'extravagance.
Il ne faut donc pas s'étonner
fi tant de perfonnes qui n'ont
jamais leu Ariftote, & qui
n'ont entendu parler de la Philofophie ordinaire, fi ce n'eft
en la maniere qu'il plaift à ces
Meffieurs d'en parler, penfent
qu'en effet la Philofophie d'A-
riftote eft telle qu'ils l'entendent décrire. Ce procedé af-
feurement n'eft pas bien honnefte. Car enfin de cette maniere les chofes les plus ferieu-
fes pourront eftre tournées en
ridicules, & on pourra faire
paffer pour extravagant l'Autheur du monde le plus foli-
de.

Que direz-vous, Monsieur, si dans une compagnie, d'honnestes gens qui n'ayant jamais rien appris de la doctrine de Monsieur Descartes, me prieroient de leur en dire quelque chose, je commençois par leur dire brusquement, que Monsieur Descartes veut que le Soleil ne soit qu'un ramas de poussiere, & d'une certaine raclure ou limaille qui s'est faite des parties de la matiere qui se tournant sur leur centre, se sont froissées & usées les unes contre les autres. Que la terre a esté autrefois une estoille fixe du Firmament, ou plustost un Soleil qui éclairoit un monde particulier ; mais que de certaines fumées s'étant levées & épaissies autour de ce Soleil, avoient for-

52.
Qu'il est
aisé en
faisant
comme
eux de
tourner
en ridi-
cule la
Philoso-
phie de
Monsieur
Descar-
tes.

F vj

mé une crouste qui le renfer-
moit & l'empeſchoit de faire
ſon mouvement ordinaire :
d'où vient que ne pouvant
plus demeurer en ſa place, ny
faire la fonction de Soleil dans
ſon tourbillon, il en avoit eſté
chaſſé : de ſorte que ce pauvre
Soleil , ainſi banni de ſon
Royaume s'en alloit errant par
l'univers comme une comete
fatale,& qu'enfin entrant dans
le tourbillon où nous fômes, il
s'y étoit arreſté parmy les planettes & eſtoit devenu terre &
planette luy-meſme , comme
les autres planettes ſont auſſi
autant de terres qui ont encore eſté autrefois autant de So-
leils. Je croy que Monſieur
Des-Fourneilles aura aſſez de
peine à trouver tout cela en
termes formels dans le pre-

mier chapitre de la Genese.

Que diriez-vous encore si
je disois qu'au sentiment de
Monsieur Descartes il y a danger qu'il n'en arrive un jour
autant à nostre Soleil mesme,
& que les taches qui se forment au tour de luy, ne viennent à s'épaissir & à le renfer-
mer entierement dans une
crouste obscure & impenetra-
ble ; & que par consequent il
ne soit aussi chassé de son tourbillon, & n'entraine avec luy
la terre & les autres planettes
pour aller faire luy-mesme la
fonction de terre & de planette dans quelque autre tourbillon.

Que diriez-vous si ensuite
je venois à descrire quatre ou
cinq croustes qui se sont for-
mées les unes sur les autres , &

53.
Quel-
ques sen-
timens
plaisans
de Mon-
sieur
Descar-
tes.

54.
Des
croustes
qui for-
ment la
terre.

qui envelopoient autrefois la terre comme les diverses peaux font un oignon. Si je difois que la plus baffe crouste nous eft inconnuë, mais que la deuxiéme n'eft encore aujourd'huy qu'une maffe d'or & d'argent, & de toute forte de métaux confondus avec les plus precieufes pierreries (bon Dieu fi les hommes pouvoient penetrer jufques-là, que de richeffes.) Que la troifiéme eft liquide comme de l'eau ; Que la quatrieme eft un peu dure & qu'elle demeuroit autrefois fufpenduë comme une voute, mais que par fucceffion de temps venant à fe feicher, elle s'étoit peu à peu entr'ouverte par plufieurs crevaffes, & s'étoit enfin brifée en mille pieces. Que dans ce fracas épouvantable les debris tombant irregulierement les uns sur les autres, une partie s'étoit trouvée enſevelie dans l'eau & avoit ainſi laiſſé paroiſtre la mer, & que par le bon-heur du monde le plus grand, une partie de ces ruines accumulées ſe trouvoit encore élevée au deſſus des eaux & ſervoit à l'habitation des hommes.

Mais que ſeroit ce ſi je parlois de la maniere dont ſe font les couleurs, & que je diſſe que le rouge ſe fait par le tournoyement de certaines petites boules qui ſe meuvent plus viſte en rond qu'en ligne droite; Que le bleu ſe fait au contraire quand ces meſmes boules ſe meuvent plus viſte en droite ligne que ſur leur centre : Que

55. Du tournoyement de certaines boules qui qui font les couleurs.

le blanc se fait lors qu'elles se
meuvent également en l'un &
en l'autre sens. Si j'adjoutois
que les couleurs qui paroissent
dans les estoffes, ne viennent
que de semblables mouve-
mens des boules qui estant lan-
cées contre ces estoffes, s'em-
barassent entre les petits corps
que les teintures y ont laissez,
& sont ainsi contraintes de piroüetter diversement comme
feroit une bale qu'on jetteroit
dans un pré, & qui s'embarras-
sant dans les brins des herbes
seroit contrainte de tournoyer
en diverses façons. Si enfin je
disois que toutes ces virevoltes & tous ces soubresauts des
petites boules qui forment
toutes les couleurs se font sans
aucun mouvement réel du cô-
té de ces boules, qui demeu-

rant tout à fait immobiles font
neantmoins sentir à nos yeux
les differents efforts qu'elles
font, quoy qu'inutilement, de
se mouvoir & de piroüetter en
divers sens.

Que seroit-ce si apres cela
je disois que c'est une erreur
du vulgaire, de penser qu'il y
ait de la lumiere qui soit re-
pandüe dans le monde, ou
que le son soit formé dans la
bouche de celuy qui parle, &
qu'il se porte en l'air pour venir frapper l'oreille de celuy
qui entend ; que ce n'est que
par un faux prejugé de nostre
enfance que nous nous imaginons que dans le feu il y ait de
la chaleur , ou de la dureté
dans un diamant. Qu'en effet
il n'y a rien de tout cela dans
les objets , & que la lumiere,

16.
Des
qualitez
sensibles
qui ne
sont que
des pen-
sées.

le son, la chaleur, & tout ce
que le vulgaire des Philosophes appelle des Qualitez sensibles, ne sont nullement dans
les corps, mais seulement dans
nos ames: de sorte que la dureté que nous nous imaginions
qui estoit dans le marbre ou
dans le diamant, n'est nullement un attribut de ces corps,
mais seulement un mode de
nostre ame, c'est à dire une
veritable pensée.

17.
Des par-
ties cance-
lées en
divers
sens.

Que seroit-ce enfin si je parlois des anguilles dont sont
composées les liqueurs, ou
bien des parties canelées comme des vis en deux sens differents, qui sortent de l'aimant,
& qui y rentrent par une circu-
lation perpetuelle, qui vont en
chemin faisant s'insinuer dans
le fer & nullement dans les au-

tres corps : qui percer ce metal
& l'éorouent : qui abattent les
petites barbes qui font dans les
canaux du fer, & qui les cou-
chent tantoft d'un cofté &
tantoft d'un autre, fuivant
qu'il faut quelquefois repouf-
fer les autres vis qui vien-
droient pour entrer, ou bien
les admettre & les laiffer paffer. En verité Monfieur fi je
difois ainfi ces chofes, & une
infinité d'autres de cette nature, quelle idée penfez-vous
que prendroient ces Meffieurs
de la Doctrine de Monfieur
Defcartes. Cependant je ne
dirois que ce qu'il enfeigne
luy-mefme.

    Faut-il donc s'étonner fi
des perfonnes qui ne fçavent
d'Ariftote & de fa doctrine

18.
La ma-
niere
dont en
ufent les
Carte-
fiens à

l'égard
des Phi-
losophes
ordinai-
res.

que ce qu'ils ont entendu dire
à vos Docteurs, n'ayent
pas toute l'estime imaginable
de ce grand homme : puis que
ces Messieurs prennent tant
de plaisir à ne parler jamais
qu'en riant de la Philosophie
vulgaire : qu'ils en prennent
les lambeaux qu'ils jugent
estre les plus propres pour
donner à leurs auditeurs l'i-
dée qu'ils pretendent de cette
Doctrine : qu'ils y ajustent ce
qu'ils veulent pour la rendre
encore plus agreable & plus
divertissante, & que mesme ils
font faire à nos Philosophes
des raisonnemens admirables,
à quoy ils n'ont jamais son-
gé.

14.
Exemple
qui fait
voir que

Pour monstrer donc que
Monsieur Descartes s'arreste

au dehors, sans penetrer comme fait Aristote, jusqu'au fond
de la nature ; je n'ay qu'à faire reflexion sur ce que disent
ces deux Philosophes.   Vous
croyez par exemple, nous ap-
prendre de grandes choses,
quand vous dites que les plantes ont des fibres rangées en
certaines manieres : que le suc
de la terre s'insinuë par les petits pores des racines : que de
là il monte insensiblement vers
les branches : que passant au
travers de tant de differentes
ouvertures, les parties qui ne
sont pas conformes à ces passages se trouvant embarassées,
s'arrestent, s'accumulent, &
font ainsi croistre les plantes :
qu'en suitte le suc continuant
de monter, & d'apporter toûjours nouvelle matiere, forme

Monsieur
Descar-
tes va pas
si avant
qu'Ari-
stote.

les feüilles, les fleurs, les fruits,
& tout le reste, suivant la difposition des pores qui leur
donnent ces differentes figures, à peu prés comme la difposition des petites ouvertures qui se trouvent dans le
tuyau d'une Fontaine, fait
prendre à l'eau qui en jaillit,
des figures tres-differentes.
En disant cela, Monsieur,
vous croyez aller fort avant;
mais pardonnez moy si je vous
dis que ce n'est là que l'écorce.
Vous ne dites en cela que ce
qu'Aristote, & tous les Philosophes ordinaires disent d'a-
bord. Il n'y a personne qui
ne sçache que les plantes ont
des fibres & des pores, par lesquels le suc s'insinuë & forme
en suite toutes les parties de la
plante. C'est la premiere cho-

se que l'on dit, quand on parle de la vie vegetative, sçavoir que les plantes croissent *per intus susceptionem*, en recevant au dedans d'elles mesmes quelques parties de la matiere, qui s'insinuant imperceptiblement doivent estre merveilleusement subtiles.

Si vous dites que dans l'Ecole on ne dit ces choses qu'en general, & d'une façon vague, sans qu'on vienne à expliquer en particulier ; nous vous disons aussi que vous en usez de mesme. Tout ce que vous dites ne nous donne aucune connoissance du particulier, & de ce qui est en effet dans une plante ; Vous vous contentez de dire que les pores sont rangez *en certaine maniere*, qu'ils sont d'une *certaine figure* :

60.
Monsieur Descartes n'explique point le détail & se sert de termes vagues & indeterminez.

que les parties qui sont *conformes* à ces *certaines ouvertures*, passent, & que les autres sont arrestées. Vous nous payez ainsi par *un certain*. Mais si je vous demande quelle est cette certaine figure, & quelle cette certaine maniere & quel ce certain suc, & ces certaines parties, vous n'avez rien à me répondre sinon que vous n'en sçavez pas davantage. Qu'est-ce donc que vous dites en cela par dessus le *per intus susceptionem* des Philosophes ordinaires ? où sont ces belles lumieres qui nous devoient faire voir clairement la maniere de proceder de la nature la plus cachée.

Vous voyez bien, Monsieur, que jusques-là nous sommes égaux & que vostre Philosophie

61.
Qu'il faut reconnoistre des For-

phie & la noftre font fembla-
bles : la difference qu'il y a en
fuitte, c'eft que vous vous ar-
reftez là fans paffer plus a-
vant, & fans vouloir mefme
reconnoiftre qu'il y ait rien
autre chofe dans la nature ;
au lieu que nous, nous croi-
rions nous arrefter à la premiere furface, fi nous ne ta-
chions de penetrer plus avant
pour découvrir, qu'outre tout
ce qui paroift ainfi au dehors,
il y a encore au dedans quelque chofe qui eft le principe
de toutes ces difpofitions &
de tous ces effets, ce que nous
appellons *la Forme* : & tandis
que vous n'en viendrez pas
là ; nous aurons toûjours a-
vantage fur vous, & droit de
vous faire le mefme reproche,
que faifoit Ariftote aux an-

mes que Monf. Defcar. ne connoift pas.

ciens Philosophes qui s'arre-
stoient comme vous à ces premieres apparences & expli-
quoient toutes choses comme
vous. *Voila la cause de vostre erreur*, leur disoit-il, *que vous ne
connoissez point la Forme.*

Que diriez-vous de ce Philosophe qui voulant expliquer
la nature de l'homme, se con-
tenteroit de faire la descrip-
tion de son visage, ou le de-
nombrement des membres de
son corps : & qu'en mesme
temps il fit profession de dire
qu'il ne reconnoist autre chose dans l'homme. N'est-il pas
visible que ce ne seroit pas là
un Philosophe ? qu'il ne tou-
cheroit que le dehors de
l'homme, & ce qu'il y a de
plus superficiel : puis qu'outre toutes ces parties qui com-

posent le corps, nous sommes convaincus qu'il y a au dedans un principe de toutes les operations, que nous appellons l'Ame. Je vous en dis de mesme à l'égard de tous les autres corps : & si la preoccupation que vos Messieurs ont contre nôtre Philosophie, ne les rendoit incapables d'écouter nos raisons, je m'assure qu'ils conviendroient avec nous, & qu'ils verroient qu'il n'y a rien de plus plausible & de plus évident que l'existence des formes: Ils verroient que comme nous sommes convaincus que dans l'homme outre le corps, il y a encore une ame qui est nostre forme & le principe de toutes les operations humaines, aussi il n'est pas moins évident que dans les animaux, dans les plantes, & dans tous les corps, outre tout ce qui paroift de matiere au dehors, il y a encore au dedans des formes qui conftituent chaque chofe dans fon eftat naturel, & qui font le principe de toutes fes operations.

A la verité je ne voudrois pas me rendre garant de tout ce que peuvent avoir dit fur ce fujet tous les Philofophes qui font profeffion de fuivre Ariftote, mais je dis qu'il n'y a rien de plus raifonnable que ce que dit Ariftote luy-mefme, ou fi vous voulez ce que difent fes Commentateurs les plus intelligents, comme par exemple Saint Thomas. Ainfi vos Meffieurs peuvent bien ofter de leur efprit cette penfée qu'ils

36.
La Doctrine d'Ariftote touchant les Formes eft tres-raifonnable.

ont que la Philosophie d'Aristote ne va pas si avant dans
la nature que la leur ; puis
qu'Aristote dit tout ce qu'ils
disent, & qu'outre cela il penetre au delà de tout ce qu'ils
sçavent.

C'est en ce point particulierement que consiste le caractere de la Philosophie d'Aristote. Il pourra convenir si
vous voulez dans tout le reste
avec vous : mais il ne s'accor-
dera jamais dans l'existence
des formes substantielles. Et
c'est sans doute ce qui a trompé quelquefois vos Messieurs,
& qui les a fait penser qu'on
suivoit leur doctrine, quand
on parloit de pores, de petites parties insensibles, ou d'u-
ne matiere subtile.

Non asseurément on n'est

64.
C'est le caractere qui distingue les Peripateti-ciens des autres Sectes.

65.
Q el-gnes

G iij

pas Cartesien, pour dire que le verre a des pores rangez en droite ligne, Aristote le dit aussi bien que vous. *a* On ne l'est pas non plus pour dire que l'air est pesant. Aristote l'a dit devant vous & l'a prouvé par l'experience d'un ballon. *b* On ne l'est pas pour dire que la flamme est *c Vn bouillonnement des esprits secs*, c'est à dire un composé d'une infinité de petits corps fort subtils & fort durs qui sont dans un mouvement tres-rapide & qui se succedent *d* perpetuellement les uns aux autres : Aristote le reconnoît aussi bien que vous. Dites si vous voulez que ces petits corps dont le feu est composé, sont de figure pyramidale : qu'ils échauffent & qu'ils brusent

par le tranchant de leurs angles : qu'ils s'infinuent mefme quelquefois dans les corps
les plus durs pour les diffoudre, ou pour les fondre. *e* Vous *4.*
ne direz en cela que ce qu'A- *meteor.*
riftote a dit devant vous. On *text. 34.*
n'eft pas non plus Cartefien
pour dire que le toucher eft un
fens univerfel qui fe trouve
en tous les fens particuliers :
non pas à la verité de la maniere que veut Monfieur Defcartes qui cite fort mal à pro-
pos l'endroit du livre troifiéme de l'ame chap. treiziéme
où il fait dire à Ariftote ce
que ce Philofophe a conftam-
ment rejetté *f* comme *tres-* *f De fen-*
abfurde dans Democrite , & *fu & senf. c.*
dans les autres qui difoient *4. poft*
comme vous faites que toutes *med.*
les fenfations n'eftoient que
G iiij

des attouchemens ou se fai-
foient par le toucher. En cét
endroit que Monsieur Dscar-
tes cite , Aristote dit seulement que tous les organes des
sens ont la faculté du toucher.
Car en effet nous sentons fort
bien quand on nous touche
aux yeux ou aux oreilles. La
Doctrine donc d'Aristote sur
ce point est un peu plus deli-
cate, & il n'est pas necessaire
de l'expliquer icy. On n'est
pas non plus Cartesien pour
dire que rien ne se fait dans
la nature sans mouvement
local , puisqu'Aristote a fait
un Chapitre *g* entier pour le
prouver, & que c'est pour cela qu'il appelle le mouvement
local le *Premier* de tous les
mouvemens , parce que le
mouvement local peut se faire

g cap. 7.
l. 8. *Phy.*

quelques fois fans qu'il inter-
vienne aucune autre des fix
efpeces de mouvement:au lieu
que pa s une de ces efpeces ne
peut fe faire fans le mouvement
local. Dites que les odeurs
font portées par une fumée
tres-fubtile qui s'exhale des
corps, & qui fe répand dans
l'air *b* ; que les differences du
fon grave & de l'aigu viennent de la lenteur ou de la vi-
teffe des battemens & des vi-
brations de l'air *i* : que les fa-
veurs fe fentent par le moyen
de certains corps qui fe peuvét
diffoudre à l'humidité de la
falive ; ajouftez que ces corps
font des fels ; Ariftote n'en dif-
conviendra pas , pourveu
qu'outre ces fels ou ces petits
corps friables qui font l'aigre
& l'amer , *k* vous en recon-

Ibid.

b Probl.
feâ: 13.
q. 5. &
cap. 2.
de fenfu
& fenf.

i 2. de
an. Prob
& paf-
fi.n.

k De
fenfu &

G v

Senfili
c. 4.

noiſſiez encore d'autres qui
ſont gras & onctueux, qui ſe
diſſolvent auſſi par humidité
& qui font le doux dans les
ſaveurs.

66.
Et en
quoy il
diffère.

En tout cecy & en une infinité de choſes ſemblables
vous ne ferez que repeter ce
que nous enſeigne Ariſtote.
Mais ſouvenez-vous qu'outre
tout cela Ariſtote reconnoit
des Qualitez & des Formes
que vous ne connoiſſez pas;
& qu'il n'avoüera jamais que
l'odeur ou la chaleur ſoient
ces vapeurs ou ces pyramides.
Il vous dira que l'odeur ne
ſçauroit nourrir : que la chaleur ne peut pas s'expliquer
par l'effuſion de ces petits
corps ignées : Qu'on donne
en effet la figure de pyrami-
de à ces petits corps comme

vouloient quelques Philoſophes, parce qu'on ne ſçauroit
imaginer de figure qui ait à
proportion des angles plus
tranchans & à la fois plus ſo-
lides : ou bien qu'on leur donne la figure ronde comme
vouloient quelques autres :
afin que cette figure qui eſt
toute angle, faſſe par la mul-
titude ce que nul autre ne ſçauroit faire par le tranchant des
mêmes âgles. Cela n'eſt point
inconnu à Ariſtote puis qu'il
le rapporte ainſi luy-même,
m Mais il faut ajoûter avec luy
que la chaleur n'eſt point cela.

Il me ſeroit aiſé de vous
faire voir que la pluſpart des
choſes que vous dites, & dont
vous vous faites honneur,
ſont d'Ariſtote pour le fond,
quoy qu'on y trouve bien de

m L. 5.
de cæl.
cap. 8.
& alibi

67.
*La me-
tiere ſub
tile de
Monſieur
Deſcar-
tes. &
l'æther
d'Ariſt.*

G vj

la difference : dans le détail
mesme en les expliquant:par e-
xemple la maticre subtile de M.
Descartes n'est pas une chose
nouvelle : Aristote au dessus
de l'air qui enveloppe la terre

p Lib. 1. meteor. tex. 18. cap 4. & alibi.

met une substance plus legere
& plus subtile qui *n n'ayāt point de nom* particulier peut estre
appellée *Feu*. Au dessus de
cette Sphere de Feu , il met
encore , une autre substance
plus deliée qui se nomme
Æther , qui fait la matiere
des cieux , & qui est une cin-
quiéme nature ou une essence
differente des quatre Ele-
ments , d'où est venu le mot
de Quinte-essence. Or le feu ,
l'air , l'eau & la terre ne sont
pas des corps tellement separez en leurs places particulieres qu'ils ne se trouvent meslez
les uns parmy les autres : Car

ce feu qui n'eſt, autre choſe
ſelon le ſentiment d'Ariſtote,
que les parties les plus ſubti-
les & les plus agitées, s'éva-
pore ſans ceſſe de la terre, &
monte en traverſant nôtre air:
comme l'air ſe trouve auſſi
mélé imperceptiblement dans
l'eau, & l'eau dans la terre.
De meſme auſſi Ariſtote dit
que cette matiere ætherée
n'eſt pas ſeulement dans ſa
place au deſſus de l'air & du
feu, mais qu'elle eſt encore im-
perceptiblemét mélée avec les
autres corps: qu'elle s'inſinue
au travers des pores de l'air &
de l'eau, & que c'eſt propremét
cette ſubſtance ainſi diffuſé per-
petuellement & ſans interruption
par tout, o qui peut eſtre ap-
pellée Diaphane, & par conſequent le ſujet immediat de

Ibidem.

1. de
in. cap.
7. tex.
61.

la lumiere. Tout cela, Monsieur, est d'Aristote : mais il y a neantmoins grande differen-ce entre l'Æther d'Aristote, & la matiere subtile de Monsieur Descartes : car celle cy n'est qu'un ramas de petits grains de poussiere, qui sont tous des corps solides, & qui estant les uns contre les autres remplissent parfaitement la place sans laisser le moindre vuide : au lieu que l'Æther d'Aristote est parfaitement fluide, mesme dans ses plus petites parties.

68.
Le mou-vement seroit impossi-ble dans la matie-re subtile dee M. Descar.
Or pour voir lequel de ces deux Philosophes a plus de raison, il faut seulement considerer que dans la matiere de Monsieur Descartes il ne se-roit pas possible de faire au-cun mouvement. Car si une

sale est toute pleine de gros
quartiers de pierres si bien
taillées qu'elles se joignent
parfaitement sans laisser du
vuide, n'est-il pas manifeste
qu'il ne sera pas possible d'y
remuer quoy que ce soit. Que
si maintenant au lieu de ces
grosses pierres de taille, on
imaginoit la place remplie
de petits dez, le mouve-
ment n'y seroit pas moins
impossible. La grandeur en
cela ou la petitesse des corps,
ne fait rien pour empescher ou
pour faciliter le mouvement.
De même si l'on fait un mélage
de grosses pierres auec de petites, qu'elles soient toutes quarrées ou qu'elles soient toutes
de differentes figures : Si elles
sont toutes solides, & qu'elles remplissent tout, il sera

toûjours également impossible d'y rien remuer. Ainsi M. Descartes a beau dire que les parties qui composent sa matiere subtile sont infiniment petites ; puisqu'il dit qu'elles sont solides chacun à part, & qu'elles ne laissent aucun vuide, il ne sera jamais possible de faire le moindre mouvement du monde. Voila en passant un des chefs de Physique qu'on peut objecter à Monsieur Descartes, à quoy je ne croy pas qu'il y ait de réponse. Mais l'Æther d'Aristote ne souffre aucune difficulté. Il n'y a rien de plus aisé à comprendre qu'une substance pleine & parfaitement fluide dans toutes ses parties, & il n'y a rien aussi de plus facile à expliquer que le mouvement

qui se peut faire dans cette
mesme substance.

Si nous parcourons les problemes d'Aristote, nous y
trouverons un nombre infini
de questions particulieres ex-
pliquées dans le destail d'une
maniere que les Cartesiens ne
desapprouveroient peut-estre
pas, si on la leur proposoit
sans leur en dire l'autheur.
C'est là qu'il traitte tout ce
qu'on sçauroit desirer touchant les sons & l'harmonie :
les couleurs & la lumiere : les
odeurs & les autres qualitez
sensibles, aussi bien que les organes qui sont destinez à sentir. Il y parle de la vertu medi-
cinale des simples : de la nature & de la diversité des
fruits : des fontaines & de la
mer, des eaux douces & des sa-

69.
Aristote
dans les
prob. re-
sout plus
de que-
stions
que tous
les Cart.
ensem-
ble.

lées :: des eaux chaudes & de
la glace. En un mot il y a peu
de questions qu'on puisse faire
sur les effets ordinaires & extraordinaires de la nature, qui
n'y soient traitées & resoluës
dans le détail. Et ne me dites
pas que ce n'est pas là un ouvrage d'Aristote, ou qu'il n'y
decide rien, ne faisant que
rapporter avec un *an quia*, *seroit-ce point que*, le sentiment
des autres Philosophes. Il
est aisé de voir que cet *an
quia*, n'est pas une expression
qui marque du doute & de l'ir-
resolution dans celuy qui répond. C'estoit la façon de resoudre les problemes en ce
temps-là, & les honnestes
gens en usent encore de la sorte. On ne dit jamais les choses avec cette assurance si cho-

quante, qu'on remarque le
plus souvent en ceux qui sont
les moins éclairez. Mais quelque moderation que l'on fasse
paroistre en debitant ainsi ses
pensées & ses conjectures, on
ne laisse pas de dire en effet
ses sentimens & ce qui nous
semble le plus probable. Aristote en a usé de la sorte en
cette matiere: comme c'est son
ordinaire d'être extremement
reservé dans ces choses dont
on ne peut avoir de connoissance certaine, il se conten-
te de dire ce qui luy semble de
plus raisonnable. Et pour faire voir qu'en effet cet ouvrage est d'Aristote, & qu'il y a
exprimé ses propres sentimens, & non pas seulement
ceux d'autruy, c'est qu'il cite
luy-mesme les Problemes dans

des ouvrages qui sont incontestablement de luy.

70.
Dans les
Mèteo-
res.

N'est-il pas vray encore que dans ses Mèteores il a traitté plus de questions particulieres, que tous les Cartesiens ensemble ? peut-on rien observer dans les choses qui se passent icy-bas dans la terre ou au tour de la terre dôt ce grand homme n'ait rendu raison, & qu'il ne l'ait fait d'une maniere qui feroit croire à vos Messieurs que c'est un Cartesien qui parle, dans la persuasion où ils sont qu'il n'y a qu'eux qui entreprennent de parler des esprits & des vapeurs souterraines : de la liaison particuliere qui assemble les parties de divers mètaux, des pierres, des bitumes, des choses gluantes : de

la disposition particuliere qui
rend les corps friables ou mal-
leables, inflexibles ou elasti-
ques : avec toutes les autres
differences & les proprietez
de tous les corps Elementai-
res, leurs actions reciproques
& leurs effets.

Que diray-je de ces ouvrages admirables de l'histoire
des animaux, de la genera-
tion des animaux, des parties
des animaux, de leur mouvement progressif, de leur jeu-
nesse & de leur vieillesse : de
la vie & de la mort. Il n'y a assurément rien de plus beau, de
plus judicieux, ny de plus digne d'un honneste homme,
que les reflexions qu'il fait
sur toutes ces choses. Les mechaniques sur lesquelles vous
faites un si grand fond, n'ont-

71.
Et dans
plusieurs
autres
ouvra-
ges.

elles pas été traitées par Arist.
qui en a fait un livre exprés
devant mesme qu'Archimede
fust au monde ? & ne s'est-il
pas servy aussi bien que vous
de ces regles de Mechaniques
pour expliquer une infinité de
mouvemens qui se font dans
la nature. Je ne veux pas icy
parler de ces incomparables
Livres qu'il a faits de la Rhe-
torique, de la Poëtique, de
la Politique & de toute la Morale. C'est le sentiment d'un
bel esprit, que *si dans sa Physi-*
que il a parlé en homme, dans sa
Morale il a parlé en Dieu &
d'un autre *qu'il y a sujet de douter*
si dans les Morales il tient plus
du Jurisconsulte que du Prestre :
plus du Prestre que du Prophete :
plus du Prophete que de Dieu. Et
apres cela, Monsieur, n'aurois-

Vide Cornel. à lap. Præfat. in Eccl.

je pas raiſon de vous demander pourquoy vous voulez
m'obliger de changer de
créance, & de quitter le party
d'Ariſtote pour prendre celuy
de Monſieur Deſcartes. Mais
encore quel avantage trouvez-
vous en cette nouvelle Philoſophie? qu'eſt-ce que vous n09
y apprenez de nouveau , que
nous ne trouvions dans la Philoſophie d'Ariſtote, ou qui du
moins ne s'accorde avec ce
qu'il enſeigne? ne pourrois-je
pas vous dire avec raiſon ce
que diſoit un des amis de Job.
*Quid nôſti quod ignoremus ? quid
intelligis quod neſciamus? & ſe-
nes & antiqui ſunt in nobis multò
vetuſtiores quam patres tui.* Vous
ne nous dites rien que nous ne
ſçachions : nous avons dans
noſtre Philoſophie des an-

ciens qui sont plusieurs siecles
devant vos peres. Pourquoy
donc voudriez-vous me faire
changer?

Mais si je vous pressois un
peu sur ce point, de me dire
quelles sont donc ces grandes
découvertes qu'a fait Mons.
Descartes dans la Philosophie,
que me diriez-vous? Est-ce
peut-estre qu'il a découvert
que nous existions, & que devant qu'il nous eut appris à
faire ce fort raisonnement,
Ie pense, donc je suis, nous ne
sçavions pas que nous estions
au monde? Est-ce qu'il nous
a appris qu'il y auroit des
corps dans la nature, & que
nous n'en sçavions rien avant
qu'il eut fait ces longs discours, dans lesquels il s'appli-
que si serieusement à prouver
de

92.
Plaisan-
tes décou-
vertes
des Car-
tesiens.

de toutes ses forces qu'il y a
des corps dans le monde, &
que nous en avons un? Non
ce n'est pas cela : Il a bien fait
de fort grands efforts d'esprit
pour le demonstrer : il nous a
donné de tres-grandes ouvertures pour penetrer cette matiere : Mais enfin il ne nous a
pas convaincus : & la subtilité
de ses disciples estoit necessaire pour nous découvrir ce qui
se pourroit sçavoir avec certitude sur ce sujet. On nous a
donc appris qu'à l'égard de
l'ame il n'y a rien de plus aisé
que de nous convaincre par
une demonstration incontestable, que nous en avons une
qui est spirituelle & entierement distincte de la matiere :
mais qu'à l'égard du corps,
nous ne pouvons rien dire a-

H

vec certitude. A la verité il nous semble bien que nous en avons un : mais c'est une imagination sujette à l'erreur, puis que nous nous imaginons quelquefois en dormant que nous avons des aisles, ou d'autres membres que nous n'avons pas effectivement. Nous faisons bien quelques conjectures pour dire que ce n'est pas un songe, & que c'est tout de bon que nous avons un corps : mais apres tout ce ne sont que des conjectures, & non pas des convictions. Apres cela on nous apprend que l'unique moyen de sçavoir avec une pleine assurance que nous avons un corps, c'est la Foy : & que si la Religion ne nous apprenoit que Jesus-Christ a pris un corps & une ame comme nous ; nous n'aurions jamais pu dire avec certitude que nous avions un corps. De mesme le vulgaire s'imagine de sçavoir qu'il y a des hommes au monde. Les bonnes gens qui ne s'apperçoivent pas que tous ces corps qui font faits comme les noftres & qui fe remuënt comme nous, peuvent eftre de fimples machines que quelque puiffant Genie nous prefente comme les Grandes Marionettes. Il a fallu que les Cartefiens nous fiffent part de leur lumiere, & que par leurs Difcours ils nous perfuadaffent, fi non avec une entiere conviction, du moins par des conjectures tres-fortes, que ces machines qui fe fervent de la parole pour s'en-

tretenir avec nous ; font des
hommes comme nous. Voila
des découvertes admirables,
il faut l'avoüer : mais aussi à
cela prés, vous aurez de la
peine à trouver que Monsieur
Descartes nous ait appris
grand chose.

Je me trouvay derniere-
ment dans une compagnie, où
une personne d'esprit soute-
noit que Monsieur Descartes
n'avoit rien trouvé de nouveau dans la Physique : Et
comme cela parut d'abord assez estrange, veu qu'on se per-
suade toujours que ce Philosophe a découvert un grand
pays, cette personne fit voir à
toute l'assemblée, par un de-
nombrement exact des que-
stions que l'on croit le mieux
entendre en ce temps, que

75
Si Monf.
Desc. a
rien dé-
couvert
en Phy-
fique.

nous n'en avions pas l'obliga-
tion à Monſieur Deſcartes.
On a trouvé par exemple,
de tres-belles choſes dans
l'Optique pour expliquer
comment ſe fait la viſion ;
& l'on peut dire que de tous
les ouvrages de Monſieur
Deſcartes celuy de la Diop-
trique eſt peut-eſtre le plus
achevé.

Cependant la perſonne dont
je parle fit voir que ſi l'on en
oſtoit ce qui eſt de Kepler, de
Antoine de Dominis , de
Scheiner, de Snellius , il ne re-
ſteroit pour Monſieur Deſcartes, qu'une ou deux demonſtrations de Geometrie,
qui ont eſté inutiles juſqu'icy
dans la pratique. Il eſt vray
que Monſieur Deſcartes a fort
travaillé à ſe faire des hypo-

thefes pour rendre raifon des
productions de la nature & des
obfervations que les anciens
ont faites, ou que les curieux
de ce temps font encore tous
les jours : mais en cela il ne
fait rien qui n'ait toûjours été
pratiqué par tous ceux qui fe
font melez de Phyfique. Et
s'il ne s'agit que de faire des
hypothefes, on n'a qu'à confulter Laërce, Plutarque &
Eufebe, & on en trouvera à
choifir tant qu'on voudra
d'auffi raifonnables que celle
de Monfieur Defcartes, & je
maintiens que les Spheres
d'Anaximander n'ont rien de
rebutant au prix des crou-
ftes de ce nouveau Philofophe, & que la defcription
que fait Diodore le Sicilien
de l'origine du monde & des

hommes eſt ſans comparai-
ſon plus plauſible que les tour-
billons & les autres hypothe-
ſes de Monſieur Deſcartes. A
la verité je ne voudrois pas
dire comme cette perſon-
ne, que Monſieur Deſ-
cartes n'euſt abſolument rien
trouvé de nouveau dans la
Phyſique, mais je ſuis fort perſuadé que tout ce qu'il peut
avoir découvert ſe reduit à
bien peu de choſe, & que cela meſme n'eſt point ſi particulier à ſa methode qu'on ne
le puiſſe expliquer avec la
meſme facilité dans la Philoſophie d'Ariſtote. Pourquoy
donc voudriez vous me faire
changer de ſentimens.

Vous me direz ſans doute,
Monſieur, qu'apres tout, la
Philoſophie d'Ariſtote n'eſt

H iiij

pas telle que je viens de la décrire : que dans les écoles où
l'on fait profession de la suivre,
on n'y traitte jamais ces choses : que toutes les questions
particulieres y sont entierement inconnuës : qu'on n'y entend jamais parler que de l'U-
niversel à *parte rei*, des secon-
desintentions, des estres de raison, du genre abstract, & d'une
infinité d'autres bagatelles,
qu'on appelle subtilitez, &
qui ne servent à rien qu'à a-
battre un esprit, à l'accou-
stumer à chicanner inutilement sur toutes choses, à se
payer de mots, à n'approfon-
dir jamais les matieres. Que
tout ce qu'on apprend dans
un College doit estre oublié
quand on en est sorty, puis
qu'on n'oseroit en parler dans

une honnefte compagnie.
Qu'on fait fi bien par tant
de nouvelles queftions de Logique, & de Metaphyfique,
qu'on ne donne plus ny de veritable Logique ny de veritable Metaphyfique. Car pour
les chofes naturelles, elles y
font entierement ignorées, &
on n'a qu'une réponce pour
toutes ces fortes de queftions.
On dit que les corps terreftres
tombent en bas, parce qu'ils
ont une Qualité qui s'appelle
Pefanteur, & on n'en dit pas
davantage. On dit que le feu
échauffe parce qu'il a la Vertu d'échauffer. Que l'aiman
attire le fer, parce qu'il a une
Qualité attractive : à peu prés
comme fi apres avoir deman-
dé comment une clef peut ouvrir une ferrure, ou comment

H v

une monstre peut marquer les
heures & les sonner si pon-
ctuellement, on pretendoit
me satisfaire en me disant que
la clef a une vertu aperitive,
& la montre une vertu indicative ou une vertu sonorifique.
Vous voulez donc que nous
repondions à proportion de
mesme : au lieu que vous ne
vous contentez pas de ces
mots, & que vous expliquez
en particulier, comme quoy
cette clef par la disposition de
sa figure, & de ses dents, s'insinuë dans la serrure, leve
les ressorts qui la fermoient,
& en un mot, ouvre la porte
par son mouvement.

77.
Que le
mauvais
usage de
quelques
particu-
liers ne
Je ne sçay pas, Monsieur,
de quelles Ecoles vous parlez:
car pour moy je puis dire, que
dans celles où j'ay fait mes

estudes de Philosophie , on
m'y a enseigné de tres-belles
choses , & je suis témoin que
depuis ce temps dans des endroits où j'ay esté on enseigne
tout ce que l'on peut appren-
dre de ces questions les plus
importantes & les plus curieu-
ses de la Physique mesme particuliere. Que si apres tout ,
il se trouve quelques Profes-
seurs qui en usent autrement ,
on ne doit pas s'en prendre à
Aristote , qui asseurément ne
leur a pas donné l'exemple
d'en user de la sorte: Il n'est
pas juste de condamner la doctrine en general pour le mauvais usage qu'en font quelques particuliers. Nous sommes les premiers à blasmer ce
mauvais usage , & nous crions
aussi bien que vous contre

ceux qui donnent une Philosophie qui ne peut servir de rien apres qu'on est sorty du College. Mais nous disons que c'est la faute de quelques-uns, qui ne doit pas estre imputée à Aristote, ny à sa doctrine. Voyez six ou sept grandes Theses qui ont esté soutenuës en divers temps à Lyon, à Grenoble, & en quelques autres endroits : lisez celles qui se font si souvent dans Paris, & vous verrez que sans s'éloigner d'Aristote ny de ses sentimens, on enseigne dans les Ecoles tout ce qu'il y a de beau & de curieux dans la plus solide Philosophie. Voyez encore le cours des Docteurs de Conimbre, ou bien les Commentaites de Cabæus, sur les Meteores d'Aristote, les ouvrages de Licetus, de Craffot, de Fromond, de Kircher, de Grimaldi, de Derkennis, &c de beaucoup d'autres : Confultez les Docteurs qui rempliffent aujourd'huy les chaires de Paris, & vous jugerez fans doute que la Philofophie de l'école n'eft pas fi méprifable que vos Meffieurs voudroient faire entendre.

Enfin, Monfieur, je fuis perfuadé qu'on pourroit bien fe paffer de beaucoup de queftions qu'on fait fur le genre abftrait, fur les precifions & fur les prioritez de raifon : & que quand on ne s'arrefteroit pas fi long-temps à foüiller ainfi dans le threfor des poffibilitez, la Philofophie n'en feroit pas moins riche. Mais auffi vous pourriez bien aller

(marginal note) 72. S'il faut traiter fi en particulier les effets de la nature.

un peu trop loin dans la recherche que vous pretendez
faire des causes particulieres
de la nature. Peut-estre que
plusieurs de nos Philosophes
vous contesteront en cela l'avantage de la methode , &
qu'ils ne jugeront pas que vos
recherches soient plus dignes
des honnestes gens que la maniere dont ils traittent les choses les plus difficiles de la nature, & dont vous parlez avec
tant de mépris. Car enfin,
Monsieur, à vous entendre
parler, on diroit que d'une
école de Philosophie vous
voudriez faire une boutique
de Serrurier. J'ay bien à faire
de sçavoir la maniere dont les
dents d'une clef sont entaillées pour glisser au travers
des ressorts d'une serrure, &

pour l'ouvrir ? un honneste
homme se doit-il mettre en
peine de toutes ces petites
particularitez, & ne suffit-il
pas qu'il sçache en general
que la clef est faite avec une
certaine disposition qui la
rend propre à ouvrir ce qu'il
vous a pleû d'appeller *vertu*
aperitive. Quoy voudriez vous
que les Dames se fissent éco-
lieres des Horlogers pour ap-
prendre le nombre & l'engrai-
nement des dents de chaque
roüe, & de chaque pignon de
leurs montres ? faut-il donc
qu'elles sçachent le biais dont
sont inclinées les pallettes du
balancier, ou la proportion
qu'il faut donner à la diminu-
tion de la fusée ? n'est-ce pas
assez qu'on sçache en general
que tous ces mouvemens sont

faits par la difposition & par
l'engagement des rouës & des
refforts, ce que vous appel-
lerez, fi vous voulez, *vertu
indicative ou fonorifique*?

Ne pourroit-on pas vous
en dire de mefme à l'égard de
la Phyfique. Il s'agit de l'aiman, & de fes proprietez,
vous vous mocquez de nous
quand nous difons que l'aiman
eft d'une telle nature, &
qu'il a en luy une certaine difpofition, & une certaine qualité qui fait qu'il attire le fer :
qu'au refte, nous n'en fça-
vons pas davantage, & qu'il
eft peut-eftre inutile d'en faire des recherches plus particulieres : Que cette difpofition ne
nous eftant connuë que par
les effets & n'ayant point
d'autre nom, on l'a appellée

vertu attractive. Vous au contraire vous pretendez expliquer en particulier tout le détail de ces petits reſſorts qui donnent à l'aiman la vertu d'attirer le fer. Mais apres que vous aurez bien pris de la peine à comprendre & à de-vuider l'embarras infini de ces petits corps, vous aurez fait le meſtier de Serrurier, & non pas celuy de Philoſophe. Et ſi vous voulez entreprendre d'expliquer tout ce jeu des parties canelées en divers ſens qui circulent perpetuellement autour de la terre & autour de l'aiman, vous ne pouvez pas manquer de vous expoſer à la riſée de la pluſpart du monde, qui n'eſtant pas capable de comprendre toutes ces ſubtili-tez, trouve tout cela ridicule & imaginaire.

80
Qu'on ne
peut ex-
pliquer
le détail
des cho-
ses.

Et en effet lorsque nous faisons ces recherches particulieres, nous devons avoüer deux
choses; l'une qu'il faut bien
se tourmenter l'esprit pour découvrir ce détail des petites
parties. Et l'autre, qu'aprés
qu'on s'est ainsi rompu la teste
à vouloir comprendre toute la
suite de ces causes, on trouve
encore mille difficultez insur-
montables. Ouy certainement

Cuncta
res diffi-
ciles:non
potest
eas ho-
mo ex-
plicare
Serm.
Ecclef. c.
1.

Monsieur, *Toutes choses sont
difficiles, & il n'y a personne qui
puisse les expliquer.* Quelle peine
n'y a-t-il pas à comprendre ce
que Monsieur Descartes dit
par ex. touchant les couleurs
de l'Arc-en-ciel. Combien peu
de personnes trouverez-vous
parmi ceux qui veulent passer
pour Cartesiens, qui entendent le fin de ces refractions,
de ces terminaisons de lumie-

re, de ces efforts differens des petites boules du second element? Et ceux qui ont eu affez de patience & affez de force d'efprit pour furmonter toutes ces difficultez & pour entendre enfin la penfée de M. Defcartes, ne trouvent-ils pas que cela mefme n'eft nullement fuffifant pour expliquer les couleurs : & qu'il n'eft pas poffible de comprendre comme quoy une boule du second element qui eft dans une goute de pluye à demi lieuë loin de nous, peut faire reffentir à nos yeux un je ne fçay quel effort qu'elle fait pour fe tourner fur fon centre, quoy qu'en effet elle ne tourne point, & qu'il y ait entre elle & nous une infinité d'autres boules qui font des efforts tout contraires.

81.
Et quãd
on le
pourroit
cela n'en
vaut
point la
peine.

Mais je veux qu'en effet Monsieur Descartes ait rencontré la veritable cause de ces effets particuliers. En verité cela vaut-il la peine qu'il faut se donner pour le comprendre; & quand je sçauray toutes les virevoltes que fait la matiere subtile sur les brins insensibles de l'écarlate, ne seray-je pas bien payé de l'assiduité avec laquelle il aura fallu m'appliquer à demesler un si épouventable embarras. Seroit-ce à voſtre avis une belle occupation pour une Dame de qualité de faire une eſtude serieuse à comprendre tous les traits qui font neceſſaires pour faire une bonne charpente; & parce qu'il y a des artiſans qui ſuivant l'inclination qu'ils ont pour leur meſtier, penſent

que celuy de Charpentier est
la plus belle chose du monde,
croyez-vous que les seigneurs
de la Cour seront de ce sentiment : & qu'ils voudront bien
donner les meilleures heures
de leur vie à estudier toutes
les differentes mortaises, tous
les tenons & toutes les chevilles qui font la liaison &
l'assemblage d'une charpente.
Les inclinations des hommes
sont fort diverses. Un ouvrier estime infiniment son
mestier, pour lequel un autre qui sera d'une vacation
differente n'aura que du mépris. Vous & moy avons
peut estre cette inclination
de rechercher ainsi les causes
particulieres dans la Physique, *Dieu* pour nos pechez Eccl.c.1.
nous ayant donné cette méchante

occupation, nous allons confiderer les chevilles & les tenons qui font la liaifon des corps. Et pour cela voudrions-nous condamner tous les hommes à un femblable tourment ? a-voüons pluftoft que fi noftre meftier vous plaift, nous ne devons pas pour cela obliger tous les Philofophes à le prendre. Peut-eftre au contraire que la plufpart croiront agir d'une maniere plus fortable aux honneftes gens, en nous abandonnant ces recherches fi ennuyeufes & fi inhabiles, tandis qu'en fe contentant des connoiffances generales, ils emploient leur temps à des eftudes plus importantes & plus agreables.

82.
Si les questions des Car-

Mais voyons encore en particulier les belles queftions

que vous traittez au lieu de
toutes ces recherches de l'é-
cole que vous appellez pue-
riles: dans les exemples qu'ont
rapporté ceux qui ont de l'e-
ſtime pour vôtre Philoſophie,
je trouve qu'on y recherche
la raiſon pourquoy un clou
qu'on lime, s'échauffe, & que
la lime ne s'échauffe pas : que
la ſcie au contraire devient
extremement chaude tandis
que le bois demeure froid à
ſon ordinaire : pourquoy de
deux limes la méchante enfin
devient chaude , & perd ſa
trempe à force de limer , & la
bonne demeure toûjours froi-
de : je trouve encore que vous
expliquez pourquoy l'eau qui
ne fait que diſſoudre & amol-
lir la chaux ſert neantmoins à
endurcir le plâtre : pourquoy

les étoffes noires s'usent & se
déchirent plustost que les autres. Pourquoy les teinturiers
mêlent de l'alum avec le cam-
pet, le brasil, & l'indigo, pour
faire le rouge & le violet, au
lieu qu'ils mêlent du vitriol
avec la galle pour faire le noir.
Tous vos livres sont pleins de
semblables questions, & vous
estes heureux, ce vous semble,
à rencontrer la veritable cause de tous ces rares effets de
la nature. Mais en verité,
Monf. trouvez-vous bien que
ces recherches soient plus dignes de l'occupation des gens
d'honneur, que les questions
de l'école, contre lesquelles
vous declamez avec tant de
chaleur ? quoy ? il faudra laisser aux pedants l'univocation
de l'estre, & un honneste homme

me recherchera ſi le virebre-
quin s'échauffe pluſtoſt que le
bois. Franchement, Monſieur,
cela me paroiſt un peu burleſ-
que.

Vous direz que ce ne ſont
là que de petites queſtions
qu'on ne traitte qu'en paſſant,
& qu'au reſte elles ſervent à
preparer les eſprits à de plus
grandes difficultez & à rendre
raiſon de toutes les productiõs
de la nature. Nos Philoſophes
en diſent de meſme, que leurs
queſtions de l'univerſel, des
diſtinctions, des relations, &
ſemblables ſervent à ouvrir
l'eſprit, qu'elles nous donnent
entrée pour penetrer juſqu'au
fond de la nature, qu'elles ſont
neceſſaires pour la Theologie,
à quoy un Philoſophe Chré-
tien doit avoir égard. Au reſte

85.
Les Car-
teſiens
n'ont pas
en cela de
l'avanta-
ge.

I

je ne trouve point en effet que vous fassiez ce que vous dites, que vous ne traitiez qu'en paſſant ces queſtions dont je viens de faire un petit détail, ou que par leur moyen vous expliquiez de plus grandes difficultez, & rendiez raiſon de toutes les productions de la nature. J'ay bien vû dans une lettre de Monſieur Deſcartes un fort beau deffy qu'il fait au Provincial des Jeſuites : il demande qu'on faſſe l'eſſay de la Philoſophie de l'Ecole & de la ſienne, il donne à choiſir telle queſtion qu'on voudra, & il fait là-deſſus des merveilles.

84.
L's Carteſiens ne ſçauroient expliquer comment

Mais pour moy je ſuis ſi peu diſpoſé à croire ce qu'il dit, que j'oſe bien faire un deffy tout contraire. Je prends

de toutes les productions de
la nature celle qui, à mon avis,
est la plus simple entre les choses vivantes, sçavoir, celle
d'un potiron qui se forme en
une nuict, & qui n'a pas cer-
te grande varieté de branches
& de feüilles qui se trouve
dans les plantes ordinaires : &
je mets en fait que tous vos
Mesieurs assemblez ne pourront jamais rien dire de raisonnable pour nous expliquer en
particulier la maniere dont se
fait cette production. Ne vous
flattez pas, Monsieur, sur la
beauté de vos principes. Ce
vous seroit peut-estre trop
d'embarras d'assembler tous
les Cartesiens; vous en sçavez
du moins autant qu'eux; je
vous prie, essayez vous-mê-
me d'appliquer vos principes

I ij

si forme un potiron.

à cette question. Faites rou-
ler vos petites boules tant qu'il
vous plaira, arrangez à voſtre
fantaiſie les petites parties d'u-
ne humeur gluante, donnez
leur tel mouvement que vous
voudrez, & en ſuite faites nous
voir que cette figure exterieure du potiron doit s'en enſui-
vre : que le deſſus de ſa coupe
doit eſtre couvert d'une peau
douce & uniforme, que le deſ-
ſous doit eſtre refendu, & di-
viſé en de petites feüilles qui
partent du centre, & tout le
reſte. Je ſçay à peu prés tout
ce que vous me pourrez dire,
& je ſuis aſſuré qu'apres deux
ou trois petites choſes, que
tout le monde ſçait, ou que
tout le monde vous conteſte-
ra, vous en viendrez incontinent à vos *certaines figures*, à vos

certains pores conformes, à voſtre
certain mouvement, & à voſtre
certaine maniere, qui ſont tous
des mots auſſi vagues & auſſi
indeterminez, que la qualité
de nos Philoſophes, & qui a-
pres tout ne ſignifient autre
choſe. Et toute la difference
qu'il y aura entre voſtre expli-
cation & la leur, c'eſt que ce
qu'ils ont dit de bonne foy du
premier coup, & ce qu'ils ont
appellé une certaine qualité,
ou une certaine vertu ; vous le
dites apres deux ou trois perio-
des, & vous l'appellez certaines figures, & certaines manieres, qui ne nous appren-
nent rien de nouveau.

Il eſt vray que vos Meſ-
ſieurs font merveilles quand
ils peuvent attraper une experience qu'ils ont faite cent

85.
Les Car-
teſiens
ſont ad-
mirables
à predire
le paſſé.

fois pour en eſtre bien aſſurez.
C'eſt alors qu'ils ſont heureux
à faire voir la beauté de leur
doctrine en prevenant, diſent-
ils, l'expérience, & faiſant voir
ce qui doit ſuivre de leurs
principes. Cela s'appelle de-
viner tout ce que l'on voit &
predire exactement le paſſé.
Je n'entends jamais parler de
cét avantage qu'ils ſe donnent
de prevenir ainſi les effets de
la nature, que je ne me ſou-
vienne de ce qui arriva autrefois à Cardan. Cét homme
qui ſe picquoit d'Aſtrologie
fit un livre où il expliquoit
toutes les regles de ſon Art :
& pour faire voir par l'uſage
meſme la verité de toutes ſes
regles, il en fit l'application
ſur le paſſé, & il dreſſa cent
horoſcopes de divers grands

personnages de l'Europe qui
étoient déja morts ; & dont
l'histoire étoit bien connuë.
On ne peut rien voir de plus
exact que ces horoscopes: toutes les maladies & toutes les
circonstances des moindres
evenemens se trouvent écri-
tes dans la disposition du Ciel,
on ne sçauroit plus douter de
la certitude de ces regles : &
en effet voila Cardan en pos-
session du titre du plus grand
Astrologue du monde. Luy-
mesme s'accoustuma telle-
ment à penser à cette confor-
mité de ces regles avec les effets , qu'il s'imagina qu'en effet il étoit devenu Astrologue, car nous voyons qu'à
force de penser souvent à une
chose qu'on souhaite, on vient
enfin à se la persuader. Ainsi

apres avoir si bien reüssi en
predisant le passé, il crut qu'il
reüssiroit de mesme en predisant l'avenir. Il choisit donc
pour un illustre sujet Edoüard
VI. Roy d'Angleterre, jeune
Prince, dans le gouvernement
duquel toute la terre atten-
doit de grands evenemens. Il
examine à la rigueur toutes
choses, il prend son temps tout
à son aise, & apres y avoir
employé solidement cent heures, comme il le témoigne luy-
mesme, il publie enfin une ho-
roscope si attenduë. Apres cela on devoit attendre quelque
chose de bien exact, & le Roy
d'Angleterre pouvoit se tenir
en repos & s'assurer du moins
de cinquante-six ans de vie
que luy promettoit un si fameux Astrologue. Mais par

malheur le Roy mourut avant l'age de seize ans. Pour moy je m'imagine que ce fut là un trait de quelque jalousie se-crette d'une de ces sylphides, dont Cardan avoit trop parlé dans ses écrits : car sans doute qu'elle fit mourir ce jeune Prince pour faire mentir Car-dan, & se vanger par ce moyen de la maniere la plus cruelle qu'on puisse faire à l'égard d'un homme de cette reputa-tion. Cardan neantmoins ne se troubla pas pour tout cela : il reprend sa plume & son cal-cul, & repassant sur toute la figure celeste, il trouve juste-ment & à point qu'Edoüard sixiéme doit mourir à quinze ans, huit mois, & vingt-huit jours. Voyez comme il est maintenant exact à compter

precisément jusqu'aux mois &
aux jours. Je trouve que les
Cartesiens sont du moins aussi fideles à predire ce qui doit
arriver dans les experiences
qu'ils ont déja faites : il n'y a
pas une circonstance oubliée :
tout s'accorde merveilleusement avec la nature. Voila
qui va le mieux du monde. Je
voudrois seulement qu'ils me
fissent la grace de me dire ce
qui arriveroit si l'on faisoit
une certaine experience que
je leur suggererois & que pro-
bablement ils n'ont jamais faite. Mais je ne veux pas pousser
leur Judiciaire à bout, ny la
mettre à une épreuve si peril-
leuse.

86.
Monsieur
Descar-
tes se fait
un langa-
ge nou-
veau &
parle

J'ay encore une remarque à
vous communiquer touchant
la maniere de Philosopher de
Monsc. Descartes, c'est qu'il

me semble qu'en bien des ren-
contres, ne difant que ce que
difent les autres Philofophes,
il ne veut pas parler comme
eux : & fe fait par ce moyen
un langage extremement choquant. Par exemple y a-t-il
rien de plus reburrant que ce
qu'il dit des qualitez fenfibles?
Il dit hardiment que la lumiere que nous voyons, ou le fon
que nous entendons, ne font
point répandus dans l'air ;
que les couleurs ne font point
dans les objets ; qu'il n'y a
point de chaleur dans le feu :
il fe mocque du vulgaire qui
eft dans cette erreur, il blaf-
me les Philofophes de fe laiffer aller comme le peuple aux
préjugez de l'enfance, & de
ne pas s'appercevoir que le
feu n'eft pas plus capable de

*d'une fa-
çon cho-
quante.*

I vj

chaleur que de douleur. Car
en effet, dit-il, pourquoy nous
imaginons nous que le feu a de
la chaleur ? c'eſt ſans douté
parce que nous en approchant
nous ſentons en nous-meſme
la chaleur. Mais ajoûte-t-il,
c'eſt merveille que nous ne di-
ſions que le feu a auſſi de la
douleur, puis que nous reſ-
ſentons encore de la douleur,
quand le feu eſt trop grand &
que nous nous en approchons
de trop prés : la chaleur, dit
Monſieur Deſcartes, eſt donc
un ſentimét en nous, auſſi bien
que la douleur, & tout ce que
nous devons dire c'eſt que
dans le feu il y a quelque choſe qui agiſſant ſur nôtre corps
avec trop de violence, cauſe
en nous-meſmes ce ſentiment
que nous appellons Douleur :
& qui agiſſant plus moderé-

ment cause auſſi en nous meſme, ce ſentiment que nous appellons Chaleur. C'eſt donc
une erreur bien groſſiere des
Philoſophes de croire qu'il y
ait de la chaleur dans le feu,
comme c'en ſeroit une de penſer qu'il y euſt de la douleur.
Voila le raiſonement de Monſieur Deſcartes: mais voyons
s'il eſt juſte.

Il eſt vray peut-eſtre que
par le mot de chaleur, nous
pouvons quelquefois entendre un ſentiment, que nous
avons, comme par le mot de
douleur nous entendons toûjours un ſentiment. Nous di-
ſons également le ſentiment
de chaleur, & le ſentiment
de douleur ; & ces deux ſentimens ſont de certaines affe-
ctions que nous ne ſçaurions

87.
Qu'il y a
de la cha-
leur dans
le feu
quoy qu'-
en diſt
M. Deſc.

mieux expliquer qu'en nous
renvoyant à noftre propre experience, pour nous confulter
nous-mefmes, & voir ce que
nous experimentons, & l'idée
que nous avons quand nous
fentons en effet de la douleur
ou de la chaleur. Mais aufli ce
mefme mot de chaleur ne fi-
gnifie pas feulement ce fentiment que nous avons en nous-
mefmes, mais il eft particulierement inftitué pour fignifier
la caufe ou l'occafion de ce
fentiment. Or il eft évident
que dans le feu il y a quelque
caufe qui produit en nous ce
fentiment de la Chaleur. Que
cette caufe foit des pyramides,
ou d'autres petites parties, ou
bien quelque qualité particuliere ajoûtée à ces petits
corps, on pourroit difputer

là-deſſus contre vous. Mais il
eſt indubitable qu'il y a dans
le feu quelque choſe quoy
que ce puiſſe eſtre, qui cauſe
en nous ce ſentiment de Chaleur. Donc il faut dire auſſi
que dans le feu il y a de la
chaleur, puiſque ſuivant l'inſtitution des mots que nous
n'avons nul droit de changer,
& ſuivant l'uſage de tous les
hommes, cette cauſe qui eſt
hors de nous, & qui produit
en nous le ſentiment de chaleur s'appelle auſſi chaleur. Et
c'eſt la difference qu'il y a entre ces deux mots de chaleur
& de douleur, que ce dernier
n'eſt inſtitué que pour ſigni-
fier le ſentiment, & nullement
la cauſe exterieure du ſentiment : au lieu que le mot de
chaleur eſt inſtitué particulie-

rement pour signifier cette
cause exterieure qui produit
en nous le sentiment.

Qu'est ce donc maintenant
que M. Desc. trouve à redire dans le sentiment des Philosophes vulgaires, qui disent
que dans le feu il y a de la chaleur ? pourquoy les condam-
ne-t-on de *bevuë*, de *méprise*,
d'*erreur* grossiere, de *foiblesse à
se laisser aller aux prejugez de l'enfance* ? Est-ce que ces Philosophes en disant que le feu a
de la chaleur, entendent ce
mot de chaleur au premier
sens que nous luy avons donné? Mais quoy Monsieur Descartes se pourroit-il bien mettre dans l'esprit qu'il y ait jamais eu de Philosophe assez
stupide pour s'imaginer que
le feu ait du sentiment, & de

la chaleur prife en ce fens où
nous la prenons pour un fentiment comme la douleur? Il
faut donc que Monfieur Defcartes blâme nos Philofophes
parce qu'ils difent que le feu
a de la chaleur en ce fens qu'il
a en luy ce qui caufe en nous
le fentiment de chaleur. Mais
vous voyez que c'eft les blâ-
mer de parler comme le monde parle, & de s'accommo-
der à l'ufage commun & à l'in-
ftitution des mots. Ainfi pour
répondre à l'inftance que faifoit M. Defc. en nous deman-
dant pourquoy nous ne donnions pas de la douleur au feu
puifque nous luy donnions de
la chaleur; nous n'avons qu'à
luy dire que le mot de douleur
n'eftant en ufage que pour fignifier le fentiment, & nullement la caufe exterieure du

sentiment, nous disons que la douleur est en nous & non pas dans le feu : & qu'au contraire le mot de chaleur estant institué particulierement pour signifier la cause exterieure du sentiment, nous disons que le feu a de la chaleur, puis qu'en effet il a en luy ce qui cause en nous le sentiment.

88.
Que se-
lon M.
Descartes
la dureté
n'est pas
dans le
marbre
mais
dans nô-
tre ame.

Et pour vous faire voir combien cette maniere de raisonner de Monsieur Descartes est peu juste, je veux vous apporter encore l'exemple de certains mots, qui ne sont instituez que pour signifier la cause du sentiment, & non pas le sentiment mesme, d'où la Philosophie de Monsieur Descartes paroist tout à fait ridicule. Qu'y a-il en effet de plus choquant que de dire

que la dureté que nous experimentons quand nous touchons
du marbre, n'est nullement
dans le marbre (comme il
faut dire dans la Philosophie
de Monsieur Descartes :) mais
qu'elle est dans nostre ame : &
de mesme que l'humidité est
une pensée de nostre esprit, &
non pas une qualité de l'eau ?
Il n'y a rien de plus rebutant,
parce qu'en effet ce mot de
dureté n'est institué que pour
signifier la disposition des parties du corps qui se tiennent
les unes aux autres sans se se-
parer ny ceder : & ce mot
d'humidité n'est institué aussi
que pour signifier la facilité
qu'ont les parties d'une liqueur à ceder & à se répan-
dre. Aristote l'entendoit bien
mieux, lors que parlant des

qualitez fenfibles, il les a di-
ftinguées en πάθος & παθητικὴ ποιότης, que les Interpretes ont traduit *Paſſio* & *Patibilis qualitas.*
Le πάθος d'Ariſtote ſignifie le
ſentiment que nous avons, &
le παθητικὴ ποιότης ſignifie la qualité meſme de l'objet qui cauſe
en nous le ſentiment. Je pourrois vous apporter pluſieurs
autres exemples où il me ſemble que Monſieur Deſcartes
ne procede pas fort raiſonna-
blement.

90.
L'Au-
teur eſti-
me infini-
ment les
Carte-
ſiens.

Voila, Monſieur, les dif-
ficultez que j'ay bien voulu
vous propoſer, dans l'aſſurance que j'ay que vous ne le
trouveriez pas mauvais. Car
d'ailleurs vous ſçavez l'eſtime
que j'ay pour vous en particulier, & pour tous vos Meſſieurs qui ſe plaiſent à la do-

ctrine de Monsieur Descartes:
Je ne voudrois pas pour quoy
que ce fust leur déplaire, & si
je croyois que ce que je viens
d'écrire les peust choquer le
moins du monde, je ne per-
mettrois jamais qu'on le pu-
bliast. Mais vous sçavez qu'-
en fait de Philosophie chacun
peut dire librement ses pensées, pourveu qu'on le fasse
avec bien-seance : Et aussi
on auroit bien mauvaise grace
de se choquer & de trouver
mauvais qu'on ne fust pas de
mesme sentiment que nous.
C'est dans cette veuë que j'ay
proposé icy mes pensées, en
disposition d'entendre vos raisons, quand il vous plaira de
me répondre.

Comme je suis un peu pre-
venu, & que je n'espere pas

que vous puissiez satisfaire à
tous mes doutes ; je vous pro-
poseray encore un moyen d'ac-
commodement. Car il n'est
pas en cecy comme en fait
de Religion, où l'on ne peut
rien croire si l'on ne croit
tout. Je voudrois donc que
vous me laissassiez en ma liberté, & qu'il me fust permis de
prendre & de laisser ce que je
jugerois de Monsieur Descartes. C'est ainsi que vous en u-
sez vous-mesme : & c'est ainsi
qu'en usent les honestes gens,
n'y ayant rien de plus mépri-
sable que cet entestement ridicule de certaines gens , qui
pensent tout de bon que Monsieur Descartes est infaillible,
& qui ont compassion de ceux
qui ne se declarent pas haute-
ment pour tout ce qui a esté

avancé par cet Autheur, ou
qui n'ont pas la derniere ad-
miration pour la moindre de
ses pensées. Ils se flattent
d'avoir dans leur party de
grans Genies & des personnes
de la plus haute qualité. Mais
ils se méprennent assurément,
& ne font pas assez de reflexion que ce font deux choses
que d'entendre Descartes, &
d'estre Cartesien. Ces grans
esprits & ces personnes illu-
stres en naissance prennent
plaisir à sçavoir ce qu'on dit,
ils entendent cette nouvelle
doctrine infiniment mieux
que ceux qui font profession
de la suivre ou de l'enseigner:
Mais ils font bien au dessus de
ces bassesses & de ces empor-
temens où l'on voit ceux qui
ne prennent pas ces choses

comme il faut. Laissez-moy
donc la liberté de choisir ce
qu'il me plaira de Monsieur
Descartes, & de cette maniere je pourrois bien m'accom-
moder de sa Philosophie. Et
si autrefois Dieu permettoit
aux Hebreux d'épouser leurs
captives apres beaucoup de
purifications qu'ils prati-
quoient, comme pour les la-
ver de tous les restes de l'in-
fidelité, aussi apres avoir lavé
& purifié la Philosophie de
Monsieur Descartes : je pourrois bien en épouser les sentimens. C'est la pensée de S. Je-
rôme qui se sert de cét exemple pour montrer que les
Chrestiens peuvent s'accom-
moder des ouvrages des Philosophes Payens. Je suis

Vostre tres-humble & tres-
obeissant serviteur
R. I.